PATHOLOGIE

DU MARIAGE

(AFFAIRE PRASLIN).

Lettres de la Duchesse et Considérations

Par Mme DE CASAMAJOR.

Auteur du *Nœud Gordien.*

PARIS,

COMPTOIR DES IMPRIMEURS-UNIS,

— Comon et Cie —

Quai Malaquais, 15.

—

1847

PATHOLOGIE

DU MARIAGE.

PARIS, TYPOGRAPHIE DE LACOUR,
Rue St.-Hyacinthe-St.-Michel, 33.

Le titre est assez sérieux pour que personne ne se méprenne sur le caractère du livre. Ceci n'est point une œuvre d'insolence ou de malice.

Ce serait s'y prendre un peu tard. Depuis des siècles, le mariage est mis en fabliaux, en nouvelles, en contes, en romans, en farces, en comédies, en drames, en chapitres philosophiques. De tous ces volumes on ferait une bibliothèque. Et quant aux maximes ou quolibets, sentences ou railleries, aphorismes ou paradoxes contre le mariage, ce qu'il y en a de forgé, d'emmanché, d'empenné, d'affilé, d'aiguisé, formerait un arsenal.

Je n'aurais pas le talent de cette guerre, je n'en ai point le goût, et à quoi bon ? Quand la bataille a été livrée par de si fortes mains et si longtemps, à quoi bon un dard, un caillou, un coup de pied venant à la dernière heure ? Ce n'est plus même un coup, c'est une vaine insulte.

Le mariage toujours attaqué est toujours debout. Cela témoigne de la vitalité de l'institution ; mais la multiplicité des attaques n'atteste pas que l'institution soit parfaite.

Etait-il nécessaire de le rappeler ? Voici mon excuse.

Il est des événements qui replacent tout-àcoup sous nos regards distraits ou blasés des vices connus. Une lumière soudaine pénètre dans des recoins cachés et des replis mons-trueux, et l'œil, pour ainsi parler, donne un coup de sonde dans l'abîme. Alors ressort l'exactitude des observations enregistrées. Alors les considérations, vulgaires à force d'avoir été répétées, sont relevées de leur banalité par la justesse de leur application à ces terribles évé-nements, dont les cœurs ont été remués. J'ai nommé la lamentable histoire de madame la duchesse de Praslin.

Qu'est-ce que cela prouve ? disent quelques esprits raffinés et sceptiques ; la conscience pu-blique parle autrement. Si la masse ignore qu'il n'est pas un acte qui ne corresponde à une idée, elle le sent. Qu'un aérolithe tombe, qu'une éruption volcanique se déclare, la masse dispensera le phénomène de produire sa moralité ; mais pas un fait humain ne l'a profondément émue qu'elle n'en veuille tirer une leçon. Pas une plaie saignante ne se révèle, qu'elle n'y cherche ou n'y demande un remède.

C'est une des causes de l'intérêt mystérieux de tout forfait. On calomnie l'imagination publique à la croire amorcée par le sang et acharnée uniquement à l'émotion théâtrale. Cette émotion réveille plus d'une souffrance du même ordre, ainsi que l'aspect d'un incendie rappelle une brûlure, et, au fond de chaque conscience, à l'occasion de cette épouvantable affaire, se sont agitées les questions relatives au mariage et à la famille.

Il ne faudrait pas prétendre que le fait n'a aucune portée morale, parce qu'il est en dehors de toute classification. C'est un cas exceptionnel, grâce à Dieu. Mais il m'a toujours semblé voir dans l'énorme l'exagération et non le démenti de l'ordinaire. C'est un symptôme de la réalité à l'état hyperbolique.

Et si personne n'a tourné l'opinion de ce côté, l'explication en est aisée ; les scandales politiques, certains ou supposés, absorbent l'opinion.

Le procès intenté à la moralité du pays officiel ; le réquisitoire répété contre le monde des affaires ; ce chef d'accusation terrible, *la corruption*, sous lequel on réunit ce monde et ce pays qu'on s'évertue à prendre la main dans la poche l'un de l'autre ; tout cela est grave.

Selon les gens sérieux, la déconsidération du pouvoir et des classes qui l'approchent est le commencement de l'anarchie. Tout prélude n'est pas suivi d'un effet, mais c'est un prélude révolutionnaire. Avant que la haine frappe, le mépris isole et désarme. C'est donc le mépris qui est l'avant-coureur, à moins que ce ne soit l'horreur, et ne fait pas horreur qui veut. Malheur à qui brave la boue ! La boue désigne la place à meurtrir. A Dieu ne plaise qu'une femme ne fasse point des vœux ardents pour que la fortune de la France échappe à ces périls ou à ces craintes ! Si mon opinion importait, j'oserais dire que c'est mon ferme espoir. Sans doute, plus l'enfantement du bien coûte de douleurs et de larmes, plus le bien est précieux. Les nations ont de jalouses tendresses de mère pour un progrès qui a déchiré leurs entrailles; mais pourquoi ne salueraient-elles pas d'un sourire tout maternel l'enfant qui naît sans crise et sourit lui-même à la lumière?

Quoi qu'il en soit, on s'est préoccupé de trouver ou de fabriquer un lien entre un épisode effroyable de la vie privée et les incidents de la vie publique. Le cadavre de l'assassin a été jeté comme un reproche à tous les pouvoirs, et il leur a été dit: Le reconnaissez-vous? Celui-ci est un des vôtres.

Je voudrais essayer de restituer l'événement aux considérations de l'ordre domestique.

Si ma tâche exigeait la témérité de l'esprit ou du caractère, je me récuserais. Je me borne à invoquer la sagesse de tout le monde, et à montrer, dans une horrible catastrophe, l'excellence de cette sagesse vulgaire. Je n'imagine pas qu'on m'accuse d'outrager le mariage, parce que j'aurais mieux prouvé la nécessité d'en modifier les conditions. J'ai toujours pensé, plus que jamais je pense que le mariage peut et doit avoir sa sainteté. Une institution n'est pas coupable parce qu'elle est imparfaite. Lui souhaiter le perfectionnement, c'est lui rendre le seul hommage que la faiblesse humaine puisse rendre à ses œuvres : Améliorer pour conserver.

Et ceci n'est pas davantage un plaidoyer en faveur de l'émancipation des femmes, de leur indépendance.

Ce langage est déjà vieux, le fait est encore plus ancien que l'expression. Il y a longtemps que la moitié de l'humanité proteste contre l'état de minorité que l'autre lui a imposé. La protestation n'a pas été sans résultat, et je tiens à me garer du ridicule de la prédication oiseuse, je craindrais plus encore celui d'un appel à l'insurrection. Tous les mots qui impliquent la discorde me coûtent à prononcer. Mais, si je ne me trompe, au fond de toute révolte, qu'elle ait lieu dans la rue ou dans la maison, se trouvent ces mots : *Égalité devant la loi*, et, au bout de la révolte, un dernier mot qui la pacifie : *Association*. Un tel langage me sied mieux. Puis, quand la fraternité des hommes, après tant de luttes ensanglantées, arrive à ces termes qui sont enfin dignes d'elle, j'aurais peine à m'expliquer pourquoi les femmes seraient exclues de la réconciliation, à moins qu'elles ne soient exclues de la fraternité humaine.

Un dernier mot.

Ce n'est pas sans une sorte d'effroi que j'ai touché à ces questions liées à un malheur sans exemple.

J'aurais mieux aimé ne pas approcher la main de ce deuil qui recouvre des vieillards et des enfants, et ne point remuer la terre de deux tombes encore fraîches. Mais quand le sang et les larmes ont coulé, si le germe d'un enseignement pour les vivants y est contenu, faut-il que les larmes soient perdues, que le sang soit stérile? Rien ne profite que ce qui s'adresse à des âmes émues, toute émotion publique est fugitive; et c'est pourquoi ma main a hésité, mais elle ne tremble pas. Non, je me sens trop forte de ma religieuse sympathie pour la victime. Et quelle autre a jamais révélé avec plus de vérité et de pudeur ce mystère des souffrances de l'épouse indignement délaissée, méconnue, outragée ? Quelle autre fut jamais trouvée plus pure, quand son âme, surprise et dépouillée par la mort de tout voile, parut devant le monde comme elle paraissait devant Dieu ? Le monde a lu ce qui n'était écrit que pour un époux et que pour sa conscience, et le monde a reconnu en elle le type admirable de la vertu chrétienne dans l'épouse. Ces feuillets ne périront pas, ces feuillets où se sentent à chaque instant les bondissements d'une âme fière et opprimée, où son cœur a distillé son sang par plus de blessures que celles,

qui ont lacéré son corps durant la nuit su-
prême.

J'ai pieusement recueilli les pages éparses
de cette confession à la fois naïve et sainte ; je
suis sûre que le commentaire ne sera pas un
sacrilége.

Un mot encore.

Cette immense affliction a rencontré dans
les chefs des deux familles une grandeur hé-
roïque. Le vieux soldat qui, pleurant sa fille,
va consoler la mère de l'assassin ; cette mère
qui, croyant le duc innocent et le sachant
mort, ne pouvait lui survivre, et qui retrouve
dans les sentiments de l'honneur de son nom
et de l'amour du bien la résignation à la perte
du fils dont elle a appris le crime, c'est là ce
qu'on ne loue pas ; on s'incline.

PREMIÈRE PARTIE.

CONSIDÉRATIONS.

PREMIÈRE PARTIE.

I.

Un tyran domestique.

> « Après avoir épuisé ma vie à re-
> nouveler ta race, à t'assurer les
> jouissances du cœur en t'entourant
> d'enfants, il faut que moi, léur pau-
> vre mère, je sois repoussée comme
> un paria, méprisée par mes enfants,
> abandonnée par toi, foulée aux pieds
> par celle à qui tu donnes le prix de
> mon sang, les entrailles de mon
> cœur. »
>
> (*Lettre de Mme de Praslin,*
> du 9 mai 1842.)

Le peuple en a frémi d'horreur, les femmes
en rêvent encore, de vieux soldats en pleure-
ront longtemps.

Oui, elle est morte hachée, tailladée, estro-
piée comme pas un criminel ne meurt aujour-
d'hui sous le fer du bourreau, comme pas une
brebis sous le couteau du boucher.

Ne cherchez pas l'assassin au - dehors.
L'hôtel était bien clos, et l'écume du bagne
est innocente de ce meurtre.

Ceci est un acte d'autorité domestique. C'est
la justice telle que l'a faite un maître de
maison.

Cette femme avait donc commis un de ces
crimes que la dignité d'un chef de famille dé-
robe aux lois et punit dans les ténèbres?

Non.

Ce fut une âme qui ne se pouvait aimer que
pure, et la vertu seule allait à sa fierté.

Le bras du juge a donc été égaré comme
celui d'Othello?

Non.

Le soupçon n'atteignit pas la noble femme
d'une ombre.

Pour n'avoir pas trouvé grâce devant son maître, cette femme l'avait donc affligé de sa stérilité?

Non.

Neuf fois elle avait été mère.

Mère neuf fois, cette femme était donc coupable de ne point aimer ses enfants?

Non.

La fécondité de son cœur égalait celle de ses entrailles.

Oh! alors dites, dites moi que le meurtrier n'a pas su ce qu'il faisait et qu'il était fou?

Non.

Cet homme administrait l'héritage de ses pères avec prudence.

C'était donc un monstre?

Sa mansuétude était notoire. Il soulageait les malheureux et accueillait les étrangers avec grâce. Un hoquet de l'un de ses enfants lui contristait le cœur; il n'eût pas tué un moucheron.

Et c'est lui qui a assassiné, laborieusement

assassiné sa femme, n'étant ni fou ni méchant? Qu'était-il donc? Un mari.

Un mari qui ne pouvait souffrir les airs dominateurs de sa femme, et se disait que le maître absolu c'était lui.

Quand le mari est digne de commander, que la femme soit soumise, Dieu le veut; mais lui commandait impérieusement parce qu'il était mari;

Mari et duc;

Mari, duc et sot.

Sot, défiant de lui-même et comme embarrassé de son rang devant les étrangers, cet homme ne pouvait nulle part être duc, il voulut l'être chez lui.

Ses ancêtres commandaient des armées ou gouvernaient les États; ne pouvant rien sur le champ de bataille, rien dans le conseil des rois, rien dans les assemblées publiques; il voulut être omnipotent dans sa maison.

Tout l'orgueil de sa race de maréchaux et

de ministres se concentra dans la jalousie de l'honneur de la barbe.

Race fine et vaillante, voici votre héritier prenant pour devise de ses travaux de chaque jour et inscrivant en lettres de sang sur votre écusson :

« La poule ne doit pas chanter devant le coq. »

Cependant, né pour obéir, il subissait là domination artificieuse qui l'enlaçait de flatteries ; pliant sous la ruse et écrasant la sincérité.

Sincère, sa femme fut pour lui une esclave en révolte et son ennemi mortel, malgré tout l'amour dont elle se consumait chastement, sainte Thérèse du mariage !

Et alors, pour la dompter et la faire arriver jusqu'à ses pieds comme une lionne rampante, il la délaissa, regardant si la lionne n'arrivait pas.

L'épouse souffrit, pleura et pria. Cela taquinait ses nerfs. Il la voulait délaissée, mais souriante ; pleurante, mais sereine ; bourrelée, mais impassible.

Et comme il ne venait pas à bout de l'épouse rebelle, il enleva les enfants à la mère.

Et, les lui ôtant, il les donna à une étrangère.

L'étrangère se para de neuf enfants que le père avoit volés et dont elle était la recéleuse ; la vrai mère, celle qui les avait portés dans ses flancs, n'avait pas même le congé de les caresser, ainsi que cela se permet à une nourrice.

Et la mère, présente, était oubliée de ses enfants ; vivante, elle passait au loin devant eux comme l'ombre d'une morte.

L'étrangère régnait, gouvernait, triomphait, tandis que l'épouse-mère se traînait, sous les yeux d'une rivale, entre les mépris de l'époux et les froideurs des enfants, dans les hontes d'un divorce renouvelé chaque jour.

Ses serviteurs en avaient pitié.

Ah ! c'était trop souffrir ! Elle demanda à

quitter cette maison, ne voulant plus gêner personne.

Un bourgeois l'aurait permis en disant : *chacun pour soi, chacun chez soi.* Un duc hait le scandale.

Puis avec l'épouse sortaient de la maison de grands biens nécessaires à l'éclat d'un grand nom. Ne fallait-il pas que l'ombre de Fouquet se réjouît de la restauration de Vaux ?

Puis avec la mère irréprochable les filles seraient sorties, et cet homme aimait ses petits s'il n'aimait plus sa femelle.

Puis cette passion inextinguible de la femme chatouillait la féroce vanité de l'époux, et ces cris d'une mère orpheline attestaient son pouvoir.

Enfin il la voulait esclave soumise, et non esclave échappée.

Elle resta ; il consentit à l'exil de l'étrangère ; mais lui menaçait, elle avait des pressentiments

de fin prochaine. Hélas ! elle aussi chanta tris-
tement sa romance du saule (1).

Et le peuple, saisi d'horreur, s'est écrié :
Est-ce qu'un duc n'est plus bon qu'à tuer une
femme ?

La noble et sainte duchesse a répondu
qu'un duc, dont la fortune de ses ancêtres
nourrit la paresse, dont la grandeur hérédi-
taire supplée l'ineptie native, tombe au-dessous du limon le plus vulgaire, au niveau de la
brute, quand il noie et éteint son esprit dans
les fanges de la matière.

La brute se fit dans le duc, le duc entra
dans le mari, et quand le mari se sentit vaincu
par la femme, il tua pour redevenir le maître.

S'il avait su mieux tuer, il serait innocent à
cette heure.

Quoi ! ce malheur effroyable ne pouvait être
prévenu ? La victime était-elle sans appui ?

(1) Voir au recueil des lettres les deux écrits intitulés :
Mes Impressions.

Le père vit, et sa fille était sa joie et son orgueil, enfant unique d'une femme aimée. Pour elle il eût donné sa vie.

Mais elle était en puissance de mari, et le père lui-même n'ose intervenir que discrètement entre l'épouse et l'époux. C'était un bon père, un esprit fier, un homme puissant, et c'est dans sa maison qu'a coulé le sang de sa fille.

Que voulez-vous? si un homme se rend coupable de prodigalités et menace de dissiper ses biens, la loi le met en tutelle; la loi a le saint respect de la fortune et la religion du patrimoine.

Mais devant l'homme chargé d'administrer les destinées d'une femme et d'une famille, fût-il incapable par son intelligence et son cœur, la loi se lie les mains, jusqu'à ce que le scandale ait brisé les portes de la maison, jusqu'à ce que le fer ou le poison ait dénoué le

drame accompli , comme dans un antre sauvage, à petit bruit et à huis-clos.

Et quelle femme devait être plus protégée
contre l'horrible abus de cette tyrannie domestique? Tout son crime était de vouloir être
la compagne de son mari, la mère de ses enfants. Jamais cœur ne fut mieux fait pour pra-
tiquer les saintes vertus du mariage, et elle est
morte, en martyre, sous le couteau du mari.

Femme aujourd'hui pleurée de tous et ad-
mirée ! C'est elle qui rachète les enfants de
l'infamie de leur père ; la mort lui a rendu les
droits de la maternité qui enseigne et purifie !

II.

Un mari chrétien.

« Avilie par l'adultère, tu m'aurais
relevée, soutenue, tu m'aurais fait
respecter ; j'aurais pu être aimée de
mes enfants ; coupable de t'avoir
trop aimée, je suis condamnée à
l'isolement. »

(*Lettre de Mme de Praslin*,
du 6 mai 1842.)

L'heure de la mort venue, le duc s'est confessé et a remercié le serviteur du Christ de ses pieuses consolations : « Vous m'avez fait beaucoup de bien. »

Dieu seul connait le secret des cœurs. Il n'appartient à personne de douter du repen-

tir le plus tardif ; et qui voudrait nier les sou-
daines illuminations de la conscience palpi-
tante entre une tombe qui vient de se fermer
et une tombe qui va s'ouvrir ?

Pourquoi ne s'est-il pas souvenu plus tôt de
la religion de ce Christ dont la charité, pro-
tectrice de toute faiblesse, fut divinisée dans sa
mère ?

Quand l'épouse adultère fut traînée aux
pieds du Christ, le sauveur traça sur le sable
cet arrêt de sa miséricorde : « *Que celui qui
est sans péché lui jette la première pierre.* »

Quand la pécheresse se passionna du repentir austère de ses passions mondaines, et versa
sur les pieds du Christ des larmes pour les bai-
gner, de longs cheveux pour les essuyer, le
sauveur dit en souriant : « *Il lui sera beaucoup
pardonné parce qu'elle a beaucoup aimé.* »

Il y a plus de dix-huit cents ans que ces su-
blimes inspirations de la tendresse du fils de
Marie sont citées en exemple au monde.

Par là la dure et superbe maîtrise de l'homme fut adoucie. Philosophe ou chrétien, tout homme a mis dans ses veines une goutte de ce lait évangélique.

Or, cette femme, dont le sang fume encore, était pure et aimait; le mari l'a condamnée à mourir.

Hélas! sa femme lui reprochait de n'avoir pas de sentiments religieux; elle l'aurait voulu convertir à son Dieu, pour le ramener à elle. Mais lui ne croyait pas, sans savoir pourquoi, comme il finit par croire, à force de remords, à force de frayeur peut-être de ce qui l'attendait au-delà de la tombe.

Ceci est de notre douloureuse époque. Le schisme est dans la famille comme il est partout. Ailleurs la bataille se déploie sur un vaste terrain; ici elle se resserre dans une maison, dans une chambre, dans une alcove; la bataille est un duel, et le duel dure autant que la vie.

III.

Le mari grand-seigneur.

> « Tous ses instincts étaient bons ce-
> pendant ; mais il était de caractère fai-
> ble et paresseux d'esprit ; la matière
> l'a emporté , elle éteint, elle engour-
> dit tout chez lui. Quelle vie que la
> sienne ! Voilà le fruit de l'absence de
> principes religieux, d'idées morales;
> voilà le fruit du *désœuvrement, de la
> paresse.* Il valait mieux que cela : il
> avait le germe de bonnes choses en
> lui ; mais lorsque dès l'enfance on ne
> vous a pas inspiré une vue large et
> grande des choses, l'enthousiasme
> des grandes choses, la vie se passe à
> végéter jusqu'à ce que les facultés
> énervées déclinent et soient supplan-
> tées par la matière. »
>
> (*Impressions de Mme de Praslin*,
> 17 juin 1847.)

Lorsque la justice releva le corps de l'infortunée duchesse, près de sa tête se trouva un

3

livre intitulé : *Les gens comme il faut*. Fantômes du vieil honneur et de la chevalerie antique, où donc étiez-vous quand cet homme comme il faut, homme de race, égorgea sa femme ?

Et ce ne fut pas un meurtre dans un accès de rage, ce fut une longue tuerie, une sorte de carnage, pis encore. Ce fut un assassinat commis dans l'ombre, par surprise, et, qui sait, peut-être à la faveur des insidieuses tendresses d'une réconciliation, hélas ! si ardemment convoitée par l'épouse.

C'est qu'à cette heure les traditions de chevalerie et d'honneur ne sont plus le patrimoine d'une race ou d'une caste ;

Pas plus que la charité et la science ne sont demeurées le privilége d'une corporation.

Le laïque a allumé son flambeau à la lampe qui se cachait entre les murs de l'église, et le vilain, l'épée au poing, l'éperon au talon, a pris sa part de cet héritage de généreuse cour-

toisie qui se retranchait entre les tours du château.

Ne vous souvient-il pas qu'un jour le peuple écrivit sur les immeubles des nobles et des
prêtres : *Propriété nationale?* Déjà le peuple
s'était approprié les trésors immatériels du sacerdoce et de la noblesse.

Donc, à cette heure, il n'y a plus de caste
aristocratique, il n'y a que des individus qui
seuls répondent de leurs actes et pour qui personne ne répond ; le noble n'a plus de par-
rains.

Pourtant, ainsi isolé des débris de sa famille
antique, l'individu n'est-il pas toujours un pri-
vilégié? Il porte encore le bourrelet, déjà une
couronne de marquis est dans ses armes. L'histoire de ses ancêtres est l'un des rudiments de
son éducation. Du jour où il est né, tout ce
que rêve l'ambition humaine, tout ce qui use
à la peine l'énergique courage des meilleurs et
pousse au crime les sauvages appétits des pi-

res, tout cela est à lui pour avoir pris la peine de naître ; à droite de son berceau, l'illustration, à gauche la fortune.

Ne doit-il rien à la société qui tolère ces priviléges ? Ce sont des avances qui lui ont été faites, comment les fera-t-il fructifier ?

Noble et riche, se bornera-t-il à faire sonner à ses oreilles le grelot creux de ses titres, à jouir de la magnificence de ses biens, tout entier à lui-même?

Voyons :

Marié à vingt et un ans, Monseigneur s'oublie dans les délices de l'amour conjugal, et s'il travaille, *c'est à renouveler sa race.*

La plus fatiguante partie de ce labeur lui sera-t-elle comptée? Sa femme lui disait qu'elle avait passé les plus belles années de sa vie à mettre au monde neuf enfants, *sans se plaindre, tandis que tant de femmes en veulent à leurs maris pour deux ou trois grossesses,*

Néanmoins, il avait l'émulation des patriar-
ches.

Grandement patriarche, Monseigneur s'occupe à tenir l'école des enfants, non pas avec
sa femme, mais avec les gouvernantes qui lui
rendent charmant l'office de pédagogue. Puis,
à l'heure des récréations, il joue avec sa cou-
vée, il promène sa progéniture, jamais avec
sa femme, toujours avec les gouvernantes.
Le digne père !

Monseigneur ne veut pas être seulement le
mentor de ses enfants, en compagnie de Ca-
lypso ou d'Eucharis ; il entreprend de se faire
le précepteur de Pénélope.

Voici à quel sujet :

Quand une femme a produit neuf enfants,
sa beauté porte les saintes flétrissures de la maternité, et Monseigneur cherche des voluptés
plus piquantes, des attraits d'une fraîcheur
plus libertine. Ne faut-il pas que Monseigneur
s'amuse ?

Sa femme l'aime comme au premier jour, et se pare de ses neuf enfants comme d'autant de droits nouveaux. Vains efforts! Ni la mère, ni l'épouse n'a de philtre à retenir l'infidèle.

Or, Monseigneur trouve que cette femme, encore amoureuse au bout de longues années d'hymen, est ridiculement romanesque; cette femme qui a eu neuf portées et soupire encore d'amour, lui semble ridiculement exigeante.

La jalousie entre dans le cœur de l'infortunée, et, pour le coup, ses lamentations, ses aigreurs, ses emportements, tout cela ennuie Monseigneur et l'assomme. Mais, comme il est débonnaire, il tentera de la corriger, sachant bien comment se gouvernent les femmes.

Lui aussi avait été jaloux..... par quelles douces rassurances la duchesse ne l'avait-elle pas calmé! Il ne s'en souvient plus. Puisque son cœur s'est refroidi, il prend à tâche d'éteindre chez elle la passion qui flamboie, de lui faire un cœur glacé comme le sien ; ou il s'étudie à rassembler autour d'elle toutes les apparences qui multiplieront ses tortures ; et il s'ingénie à dompter la fougue du caractère et l'irritation de la douleur, prétendant, tout en lui mettant l'éperon dans les flancs, la réduire à demeurer immobile et à ronger son frein, sans le couvrir d'écume.

Monseigneur la chasse de son lit et lui ravit les enfants, ce trésor qui est toujours à deux.

Monseigneur ordonne à l'écuyer tranchant de servir la gouvernante de la famille d'abord, la Duchesse ensuite.

Monseigneur l'apostrophe, devant la domesticité, des injures qu'un rustre rapporte de l'étable à sa compagne.

Un jour Monseigneur lui casse toutes ses ombrelles.

Un autre jour Monseigneur lui casse ses porcelaines ou lui enlève des souvenirs précieux d'un amour qui n'est plus.

Un autre jour Monseigneur s'élance à sa poursuite dans les escaliers du château.

Laissez passer Monseigneur le Duc, pair de France, et chapeau bas. Monseigneur a du loisir à dépenser en sevrage d'enfants, en plaisirs clandestins, en galanteries pastorales auprès des gouvernantes et en rustiques querelles de ménage avec sa femme. Noble emploi de son temps, légitime profit de ses priviléges!

Ce fut un oisif.

Et si l'indigence corrompt, la richesse sans travail énerve, pervertit, déprave.

Avant la révolution, Rousseau mettait aux mains de son Émile un rabot, prévoyant le jour où le gentilhomme serait forcé de retrousser ses manchettes jusqu'au coude, et, fait peuple malgré lui, de vivre comme vit le peuple, en travaillant.

Rousseau savait aussi que le droit de ne faire rien est une forte tentation à faire mal.

Malgré le dur niveau que la révolution a promené sur la France, il est encore donné aux héritiers de la gentilhommerie de dédaigner le rabot et de vivre dans une opulente fainéantise.

Et quelques fils de vilains laborieux dérogent, croyant se rehausser, en formant au-dessous d'une première couche oisive de noblesse, une seconde couche oisive de bourgeoisie. Cela boit, fume, monte à cheval, se divertit et croupit ensemble. Les pères se sont entre-battus, ceux-là pour conserver, ceux-ci pour acquérir ; ils se sont mis d'accord par une cote mal taillée, et les fils saturent en paix leur fastueuse inutilité. Touchante camaraderie des avortons de deux patriciats dont l'un a fini hier, dont l'autre finit aujourd'hui !

Tout cela est un crime contre la société moderne, qui a classé le travail au premier rang de ses devoirs.

Si la voix du peuple pouvait se faire entendre, elle dirait que tout homme, quelle que soit sa fortune ou sa naissance, doit avoir son outil de travail, son métier, son rabot enfin, et que tout homme doit être ouvrier du bras, de la tête ou du cœur pour être citoyen. Que cela ne soit pas dans la Charte, je l'avoue et cela s'explique peut-être, ainsi que le lion expliquait le tableau représentant un quadrupède de son espèce terrassé par un homme : *Les lions ne savent pas peindre.*

La loi souveraine de toute société est que chacun n'y mange que le pain qu'il a gagné.

Depuis dix-huit siècles, que la meilleure partie de la terre adresse à l'être des êtres cette prière : *Donnez-nous aujourd'hui notre pain quotidien,* elle n'a pas demandé que ce pain fût le prix des sueurs d'autrui, mais le salaire de son propre labeur.

Travailler, c'est aujourd'hui le premier devoir politique, à moins qu'on ne prétende s'élever au-dessus de l'obligation commune; c'est un devoir moral, à moins qu'on ne veuille s'exposer à retomber au-dessous de la corruption la plus infime.

Jamais l'oisiveté ne fut plus honnie. Il y a longtemps qu'on a dit d'elle *qu'elle est la mère des vices*; on sait aujourd'hui qu'elle est la mère adoptive des institutions même qui vicient les individus et font pâtir les nations.

Le travail, sans doute, ne suffit pas à moraliser, mais il est un élément de la moralité, et, si vous le supprimez, la démoralisation commence pour l'individu qui n'appartient plus qu'à lui-même.

Que voulez-vous que devienne un homme à esprit inerte, à caractère impérieux, à instincts matériels, qui, n'ayant à s'appliquer ni à dés fonctions publiques ni à une occupation sociale, se trouve rejeté sur lui-même? Eût-il pour séjour ce Petit-Versailles que, dans sa double insolence envers la majesté du roi et le denier du peuple, Fouquet se fit bâtir, sera-t-il suffisamment attaché par les réparations de sa demeure? sa fortune y passerait. L'ampleur de son habitation lui enfle le cœur, mais ne le lui remplit pas. Il devient son axe, son commencement et sa fin, son centre et sa circonférence. Enfin il devient fatalement l'esclave de ses passions, un tyran capricieux se dépensant en plaisirs illicites, en puériles dévotions paternelles, en intrigues domestiques, en discordes conjugales, jusqu'à ce qu'un jour, excédé de ses ennuis, il tourne, d'une main forcenée, le poignard contre lui-même ou contre sa femme.

S'il avait eu un rabot !

Par malheur, il n'était que pair de France.

IV.

Servitude d'une femme.

« Crois-moi, Théobald, quatre mois de douleur et de *repentir* m'ont bien corrigée. Ah ! je te le jure, je ne chercherai plus jamais à prendre de l'ascendant sur toi, je reconnais trop bien la *supériorité de ton caractère et de ta raison* ; je ne veux plus que partager ta vie, pour l'embellir et verser du baume sur toutes tes plaies. Je ne demande que ton amour, ta confiance, comme tu as la mienne ; je me laisserai conduire en tout par toi ; je ne te tourmenterai plus de jalousie, je ne m'arrogerai jamais le droit de *reproche* ni de *conseil*. Oh ! ne laisse pas opprimer ton cœur par un peu d'amour-propre ; je te jure que je n'aspire qu'à ta tendresse, ton intimité et ta confiance ; je serai la moitié *aimante mais passive de ta vie*. »

(Lettre de Mme de Praslin, 1841.)

Tel était l'homme investi de l'autorité souveraine dans une maison. *La femme doit obéissance au mari.* Ceci est la loi.

Et pourquoi?

Le soldat obéit au caporal, le caporal au sergent, le sergent à l'officier, l'officier au capitaine, et ainsi de suite, parce que chaque inférieur reconnaît dans le grade supérieur un motif plausible de sa soumission.

Le vicaire obéit au curé, le curé à l'évêque, l'évêque à l'archevêque, parce qu'à chaque degré de la hiérarchie se trouve la consécration du pouvoir qui oblige tous les croyants.

Le commis obéit au ministre, parce que le ministre exerce des fonctions qui supposent une haute capacité.

L'ouvrier obéit au fabricant, parce que le fabricant distribue la besogne et répartit le salaire.

L'écolier obéit au professeur, parce que le professeur sait ce que l'écolier ignore.

Le fils obéit au père, parce que le père est l'initiateur à la vie physique, si même il n'est mieux; le fils est l'initié.

Mais pourquoi la femme doit-elle obéissance au mari?

Est-ce parce que le mari sait plus, la femme moins? Chacun sait ou doit savoir ce qui convient à la fin que Dieu lui a assignée. Dieu n'a pas fait de la femme un corps opaque empruntant sa lumière à un astre voisin, elle a sa lumière native, et, loin d'être un soleil, l'homme ne l'éclaire qu'en s'éclairant lui-même.

Est-ce parce que l'esprit mâle prime l'esprit féminin? Le cerveau est le même chez les deux sexes, chacun exerce les mêmes facultés en raison de sa destination particulière. Ni l'anatomie ni la physiologie ne démontrent que la femme soit un intermédiaire entre l'homme et l'orang-outang.

Est-ce parce que l'homme serait mieux organisé moralement que la femme? Bien des hommes lui accordent le privilége d'un cœur plus miséricordieux, plus doux, plus aimant, mais comme une compensation de l'infirmité de son intelligence; gens d'esprit qui prisent la cervelle et font bon marché du cœur. Je n'accepte pour les femmes cette supériorité sentimentale que comme le produit forcé de l'éducation qui les séquestra d'un ordre social où régnait l'épée. Hors de cette région, loin du théâtre de l'énergie belliqueuse, le foyer domestique, cloître des femmes, a été la serre-chaude de toutes les tendresses de l'âme et de de toutes les délicatesses de la pensée. Les prêtres, les poètes, les philosophes, également isolés d'une participation active aux luttes publiques, connurent, comme elles, les saintes émotions de la pitié, de la justice, de l'amour, comme elles, ai-je dit, avec elles peut-être. Les travailleurs enfin, rudoyés, rançonnés, écorchés, volés, pillés, saccagés sous tant de formes diverses par les gens de guerre, inclinèrent vers la paix et la mansuétude. Ainsi s'est changé le monde. Les femmes y ont eu leur part d'influence. La branche d'olivier qu'elles avaient longtemps cultivée loin du sang et de la tempête n'y a pas été inutile. Mais, si l'on me permet de le dire, je ne crois pas que Dieu ait fait la femme meilleure que l'homme; elle avait sa mission, lui avait la sienne, chacun d'eux a sa bonté.

Est-ce parce que l'homme nourrit la femme de son travail? Cela est faux de la masse du genre humain. Là, elle travaille autant que lui, et s'y montre aussi vaillante. Dans les classes intermédiaires, déjà moins nombreuses, elle travaille d'une façon, lui d'une autre. Dans la minorité exceptionnelle, si la femme ne fait pas œuvre de ses doigts, elle paie de sa dot le droit d'oisiveté; quelquefois même c'est elle qui nourrit son mari, plus souvent c'est elle qui le commandite, et si elle n'est pas la ménagère du logis, elle fait les honneurs du salon; si elle n'occupe pas le comptoir d'une boutique ou d'un atelier, elle achalande la maison par ses talents, ses grâces, son art de réception ; ce qui est presque toujours le travail correspondant au travail de l'époux.

Pourquoi donc la femme doit-elle obéissance à son mari ? Je ne le vois pas encore.

Et qu'on le remarque. Le fils devient père, l'écolier devient professeur, l'ouvrier devient fabricant, le commis devient ministre, le vicaire devient archevêque, le soldat devient maréchal de France ; cela du moins n'est pas défendu, en sorte que chacun d'eux, après avoir obéi, commande. Mais la femme ne peut pas monter en grade, elle obéit toujours.

Toute subalternité est transitoire ou peut l'être ; la sienne est indélébile comme celle du noir. Le noir ne peut changer de couleur, la femme ne peut changer de sexe.

Il n'y a plus au monde à cette heure que deux aristocraties sérieusement constituées ; *l'aristocratie de la peau et l'aristocratie de la barbe.*

Et pourquoi ?

Il n'y a qu'un mot qui serve, l'homme est le plus fort, il a fait la loi.

Raison excellente, si nous vivions encore en belligérance permanente, alors que la force était la moitié de la bravoure, alors que le soldat était lui-même une machine de guerre et que tout paladin devait être un fier-à-bras. Mais la raison est moins valable depuis l'invention des armes à feu. Dès ce moment, c'est la tête qui a gagné les batailles. Soit! Dans l'âge de la force, la femme devait obéir, étant la plus faible ; c'était une raison de soldat, aujourd'hui ce ne serait qu'une raison de porte-faix.

D'ailleurs, est-ce que ces messieurs n'ont pas mis au ban de l'Europe les jeux de la force et du hasard, ne voulant plus ni bataille ni batterie? La paix partout et toujours est un dogme politique.

Et non seulement la guerre est proscrite de peuple à peuple, mais encore d'individu à individu. Ces messieurs se calomnient, s'inju-

rient, se prennent leurs femmes et leurs maîtresses, et ne se battent plus. Le duel s'en va.

Puisque l'homme abdique les droits de la
force brutale, quelle raison reste-t-il de l'o-
béissance de la femme?

Aucune, à moins de professer que la femme
est inférieure à l'homme, de par la religion.
Ceci est la dernière raison invocable. L'article 213 du Code civil a son exposé des motifs
dans la Genèse.

Mais, quelle qu'ait été l'autorité du texte
sacré et du texte législatif, les mœurs ont été
les plus fortes.

Les mœurs, c'est la jurisprudence qui cor-
rige la loi par l'interprétation ; c'est l'accommodement de la pratique avec les rigueurs de
la théorie, c'est le concordat du fait en progrès
avec le droit oppresseur en décadence.

Voyez ce qui se passe.

Dans le gros d'une nation, le rustre bat sa
femme quelquefois, mais les deux compagnons

d'un rude labeur se gourment, sans se chicaner sur la préséance. Tous deux sont attelés au même joug, et ils sont égaux devant les mêmes maîtres, la misère et le travail.

Dans une partie de la classe moyenne, le mariage devient de jour en jour une véritable association où chaque partie contractante a sa fonction déterminée et se concerte avec l'autre pour la prospérité de l'entreprise commune. Là encore il n'y a ni obéissance de la cornette ni autorité du chapeau ; il y a division de travail et combinaison des efforts. C'est surtout dans le Commerce que la femme a échangé sa position de subalterne contre celle d'un associé.

A un degré sinon plus élevé, du moins plus apparent de cette classe moyenne, là où la femme brode, chante, touche du piano et fait la dame, son adresse fraude perpétuellement la loi. L'épouse gouverne, l'époux règne... Là, les mœurs et la loi sont en désaccord flagrant, si bien que le mari devient la comédie secrète de sa femme et la comédie publique du monde, quand il se pavane dans un pouvoir dont il a l'apparence, dont une autre a la réalité.

Enfin, chez les gens comme il faut, quelle que soit leur fortune ou leur naissance, l'équilibre s'établit naturellement, et celui-là domine qui a le plus de raison de dominer.

Voilà donc cette loi sacramentelle, violée chez les uns, abrogée chez les autres; mensonge maintenu par l'orgueil masculin. Cependant, si la bonne entente vient à périr, si le génie de l'adresse fait défaut à la moitié légalement subalterne, la loi redevient une vérité. La loi, sans le correctif de la ruse, sans les tempéraments de l'esprit de concorde, va sortir son plein effet. La vieille fiction légale sera une arme terrible.

Notez-le bien. Celui qui applique la loi est lui-même en cause; il est juge et partie.

Le duc avait aimé sa femme. Un jour il est

rassasié de cet amour. La fantaisie lui vient d’allier au mariage la liberté de la vie de garçon ; il a des goûts décidés d’indépendance. Que voulez-vous ? il n’est pas d’éternelles amours, la chanson le dit ; mais a-t-on le droit de commander aux gens qu’on n’aime pas ? Si le bon sens dit non, la vanité dit qu’on peut impunément réclamer l’obéissance des gens dont on est aimé.

Et il est écrit : *La femme doit obéissance au mari.*

La duchesse ose être jalouse. Ce fut d’abord une importunité, puis un défaut, puis un crime, et ce crime appelait un châtiment. Chassée du lit marital, *elle pleure jour et nuit ; elle attend à sa porte et n’ose entrer, car demain il le lui reprocherait peut-être.* Comme elle tarde à faire amende honorable de ses emportements jaloux, elle est dégradée de son rang de mère, comme si on cassait une mère ! Annullée dans son intérieur ; déchue du droit d’a-

briter ses enfants sous son aisselle et de les vi-
vifier de son souffle ; retranchée de la sainte
communion de la famille, ainsi qu'un membre
impur dont le seul attouchement serait con-
tagieux, elle a perdu tout ce qui honore, tout
ce qui console. Et quand cette âme, née pour
aimer, n'a plus où se prendre, oh! alors ce
sont les cris de la bête affamée dans le désert
où pas une proie ne passe, où pas une goutte
d'eau ne suinte. Plus bas, madame la Duchesse ; le Duc n'est pas content et son sourcil
se fronce.

Un de ses enfants était tombé malade. La
nuit arrivée, lorsque le château sommeille et
que le-Duc repose, elle vient, sur la pointe du
pied, son haleine retenue, telle qu'une épouse
criminelle qui, sous le toît conjugal, s'aventure
aux joies fugitives d'un rendez-vous; elle vient,
mère indisciplinée, se blottir dans une chambre
de servante, voisine du lit du malade, afin
d'assouvir clandestinement sa passion de ma-

ternité, et de trouver une joie dans le regard de son enfant, dans la parole de son enfant, dans le baiser de son enfant, alors que le château sommeille... Prenez garde, madame la Duchesse, si le Duc s'éveille ! s'il le savait... Le Duc le sut, et la servante est congédiée comme la complice de l'insubordination de la femme.

Il est écrit : *La femme doit obéissance à son mari.*

Pauvre femme, elle souffre à mourir. Durant près de cinq années, elle passe presque toutes les nuits à pleurer dans les convulsions du désespoir, et souvent, pour étouffer ses cris, elle met l'oreiller sur sa bouche. Le repos la fuit. Pendant des mois entiers, elle se frictionne la tête et l'estomac avec du laudanum pour endormir cette douleur inapaisable qui lui ronge le cœur.

Cette douleur devient un délire, elle en est folle. Un jour vers le matin elle est ramenée, transie de froid et mourante, par les gardes de son parc immense, où, toute la nuit, elle a marché, marché jusqu'à ce que, tombée de fatigue, le froid la glaçât, et ses serviteurs l'avaient ramassée.

Tant de souffrances ne fléchissent pas un maître irrité; malheureuse qui ne pouvait pas ne pas souffrir, parce qu'elle aimait.

Allons donc, madame la Duchesse, à genoux, et commencez les litanies de la pénitence :

« Je connais mieux mes devoirs maintenant. Je sais que lorsque tu me repousses, je dois m'éloigner sans me plaindre et *murmurer surtout;* que lorsque tu m'appelles, je dois venir *sans conditions, sans réflexions,* quelques inquiétudes qui puissent m'agiter;

« Je t'appartiens, tu peux me prendre, me laisser, me reprendre à ta fantaisie ;

« Je dois obéir et faire tout ce qui est devoir avec toute l'affection qui dépend de moi, sans m'inquiéter de ta conduite, dont ta conscience doit être le seul juge entre nous pour nos rapports ;

« Oui, je sais fort bien que tu es le maître, *tu peux tout sur moi* ;

« Je me repens, je souffre trop de mes fautes pour y retomber. »

Vantez aussi, Madame, la supériorité de sa raison et de son caractère... Ah ! pour que la fierté de son âme se réduisît à cette humilité, pour que ses transports jaloux et ses légitimes ressentiments s'assouplissent à cette abnégation servile, il fallait le double miracle de la douleur qui mortifie et de l'amour qui aspire à revivre !

Il fallait autre chose encore. Il fallait cette subtilité de la conscience la plus sincère qui se ment à elle-même, et fait une concession à l'intérêt de son amour en croyant ne dire que la vérité. Comment n'aurait-elle pas érigé en devoir le sacrifice de toute prétention, de toute volonté, quand ce sacrifice devait conjurer l'orgueil du maître?

Car il est écrit : *La femme doit obéissance à son mari.*

Soumission fatale ! Tous ces prosternements d'une femme belle et fière n'ont-ils pas persuadé à cet homme qu'il avait l'autorité d'un sultan? Un sultan eût envoyé à l'esclave tombée en défaveur des muets et un cordon; en ce pays, le sultan s'est fait son exécuteur.

V.

Une protection de mari.

> « Pauvre homme, je le plains réelle-
> ment : quelle vie il mène, quel avenir
> il se prépare !... Ce n'est plus le même
> homme : Comme il s'est éteint l'esprit,
> rétréci le cœur ! Comme il est devenu
> soucieux, ennuyé, irritable. Rien ne
> l'anime, rien ne l'intéresse, rien ne
> l'exalte ; tous les sentiments généreux,
> passionnés, enthousiastes, n'ont pas l'air
> de vibrer dans son cœur, dans son es-
> prit... Certainement il y avait de l'étoffe
> dans son cœur, dans son intelligence ;
> mais le défaut de principes fermes, de
> morale et de religion et sa paresse d'es-
> prit ont laissé prendre le dessus aux
> passions matérielles. Et avec tout cela
> vouloir élever ses filles !
>
> *(Lettre de Mme de Praslin,*
> 13 juillet 1847.)

Et cette homme avait une mission de protecteur. *Le mari doit protection à sa femme.* Ceci
est la loi.

Loi tutélaire, je l'ai dit, alors qu'une femme, par sa faiblesse, était exposée à devenir le jouet de la force déréglée. Le temps des aventures, des enlèvements, des brigandages, ce temps est loin de nous. Aujourd'hui la chevalerie, en tant que garantie de la sécurité des femmes, est parfaitement suppléée par la gendarmerie, la police et les tribunaux. Puisque la vigueur du bras de l'homme fut son seul titre à l'exercice de la protection maritale, il n'y a plus à s'occuper de cette sanction législative de la puissance musculaire.

Et non seulement la femme n'a plus besoin du bras de son mari comme d'un bouclier, mais encore la femme outragée et battue ne l'est presque jamais que par son protecteur. c'est contre son protecteur uniquement qu'il lui arrive d'avoir besoin d'être protégée par la loi qui le lui avait nommé.

Quel sens reste-t-il donc à ce mot de protection, si ce n'est un sens moral, au lieu du sens

matériel qui lui était primitivement attribué ?
Je ne répèterai pas que c'est retomber dans la
doctrine des deux espèces, ou dans celle de la
déchéance de l'humanité par la femme. Les
mœurs ont fait justice de la loi arriérée. Les
mots d'obéissance et de protection sont des
termes surannés de la langue des âges bar-
bares ; taches de vieille rouille que le Code
conserve, que la coutume efface.

Mais ce qu'il faut que je répète, c'est que la
loi arriérée peut redevenir une arme fatale en
des mains faibles ou égarées. Et quelles sont les
précautions de la société quand elle nomme à
la tutelle de la femme, au gouvernement de la
famille ? Cela ne la regarde pas. De par la loi,
le premier venu, pourvu qu'il porte un frac,
est le délégué de la puissance publique dans
le cercle de la vie privée. Son titre résulte de
son signalement. C'est à son chapeau que se
rend l'hommage et que se donne l'investiture.
Je me trompe. La loi exige le dépôt de l'acte

de naissance, le consentement du père et de la mère, le certificat de libération du service militaire; incomparable prudence ! Ces papiers à la main, voici un petit monarque que le maire de l'arrondissement se fait un plaisir de sacrer. Et la loi professe le respect de la vie privée. Dès que lieutenant de la société a fermé sa porte et tiré ses verroux, à moins que des scènes de batterie ou de tuerie n'appellent le commissaire du quartier, il exerce impunément les droits de son protectorat. Ce n'est pas calomnier les maris que de constater la dégénération accidentelle de ce protectorat en oppression abusive.

Ce qui le prouve, ce ne sont pas les cris des femmes se déclarant incomprises ou persécutées, jouant le rôle de pleureuses du mariage. La situation de notre sexe n'est pas exprimée au vrai par ces scènes fastueusement larmoyantes, et par la draperie arrangée de ses victimes. L'oppression du protecteur, quel qu'en soit le degré ou le caractère, est mieux affirmée par les revanches astucieuses de la femme. S'attacher à duper le pouvoir établi, s'affranchir de l'obéissance par une soumission feinte, de la protection par la tromperie, c'est plus naturellement femme. On ne se tient pas sur la défensive modeste, on prend une traîtreuse offensive. Tout cela n'est pas un état régulier, la faute en est un peu à la règle.

Il y a donc aussi des maris victimes !

Pauvres maris qui auraient eu grand besoin d'être protégés contre leurs femmes !

Mais quoi ! ils avaient le titre de protecteurs.

Cela n'est parfois que ridicule, parfois cela est odieux ou lamentable.

Qu'il me soit permis de le dire, l'histoire qui nous occupe fournit la preuve de cette double fatalité.

Ce qu'il y a de plus affreux dans l'existence de la duchesse, ce n'est pas la nuit de l'assassinat; ce sont les longues années qui l'avaient précédée. Avant d'atteindre le fond de l'abîme, par quelle lugubre spirale elle était péniblement descendue ! Ses souffrances d'épouse, les angoisses de la séparation de ses enfants, l'ignominie de cette mort civile, tout avait détaché son âme de la vie. Si elle n'avait cru que vivre était un devoir, elle aurait cherché le remède à ses maux dans une fin volontaire. Tout cela se passait sans bruit; à part les familiers de la maison, le monde ignorait la lente agonie de la duchesse. Qui sait si les étrangers ne la complimentaient pas sur son bonheur domestique? N'était-elle pas couverte de la protection de son mari ?

Mais lui, comment jouissait-il de son privilége de protecteur ?

La duchesse avait quelquefois de saints attendrissements sur les secrètes misères de cet homme, et elle disait :

« Comme il est changé! Toujours triste,

morose, mécontent de tout le monde, en méfiance contre chacun, s'irritant de toutes choses !

« Eh bien ! je te vois souffrir, être triste ; je sais qu'il y a dans mon cœur des trésors d'a-mour pour calmer et adoucir en toi tous les chagrins, et tu me repousses !.

« Crois-tu donc que, lorsque tu me confie-ras tes peines, la tête appuyée sur mon cœur, tes mains dans les miennes, mes lèvres sur ton front, tu ne les sentiras pas moins amères que dans la solitude ? Lorsque j'adoucirai tes ennuis par des paroles d'amour et d'intérêt, crois-tu donc que tu ne seras pas plus heureux que maintenant ? »

Hélas ! la duchesse ne pouvait rien pour lui, rien pour elle, et cet homme, retranché dans l'orgueil de son despotisme, lâche oppresseur de la femme qu'il devait protéger, abusait de son autorité sans pouvoir être heureux. Il tor-turait et se tourmentait. L'avouerai-je ? Entraînée par les émotions de la victime, je n'ai pu parfois me défendre d'un mouvement de commisération pour le mari lui-même.

De lui seul est venu le mal ; de son naturel, de son éducation, de ses préjugés. Je n'ai rien à supprimer de ce que j'ai dit, j'ai à ajouter que ce misérable a cruellement expié la tâche qu'il avait prise au sérieux de réclamer l'obéissance, d'exercer l'autorité. La loi lui avait dit : commande ; il a voulu commander. En était-il capable ? Son intelligence et son cœur étaient-ils à la hauteur de sa prépotence ? Tout ce qui lui manquait, la loi pouvait-elle le lui décerner ? Tant qu'il aima la duchesse, le gouvernement de la famille fut partagé entre eux, ses mauvais instincts avaient un contre-poids moral ; il ne faillit pas. Dès qu'il ne fut plus maintenu par l'amour, il revint à ses penchants désordonnés, et il n'en fut pas moins le chef de la maison. Que pouvait-il faire de sa souveraineté ? L'instrument de ses appétits, de ses intrigues, des irritations d'une indifférence violentée par l'amour toujours ardent de sa femme, puisque ce maître était devenu l'esclave de toutes ses passions. Cet homme avait le vertige, et la loi lui avait donné un sceptre sans lui donner la raison. Il aurait eu besoin d'être mis en tutelle et pourvu d'un conseil ; peut-être lui aurait-il fallu un traitement à la fois moral, médical, judiciaire. Mais qui donc aurait osé, avant une catastrophe, toucher à la majesté de ce roi ? Il fut seul, sans attache sérieuse à des devoirs publics, livré tout entier à lui-même. Qui sait encore si de sourdes excitations étrangères ne se joignirent pas aux inspirations de sa haine et de son amour-propre ? Il s'acharna donc avec frénésie à ce que force restât à la loi qu'il était indigne de faire respecter, et il en vint, comme un monomane, à tuer pour assurer l'exécution de la loi.

Son protectorat aboutit à un assassinat et à un suicide.

VI.

Adam et Ève.

> « Souvenez-vous, très pieuse
> Vierge Marie, qu'on n'a jamais
> ouï dire qu'aucun de ceux qui
> ont eu recours à votre protection,
> imploré votre secours et demandé
> vos suffrages ait été abandonné;
> animée d'une pareille confiance,
> ô vierge des vierges, je cours à
> vous, et gémissant sous le poids
> de mes péchés, je me prosterne
> à vos pieds ! ô mère du Verbe, ne
> méprisez pas mes prières, mais
> écoutez les favorablement et dai-
> gnez les exaucer:
>
> (*Prière de saint Bernard*, citée
> par Mme de Praslin.)

Avant d'être formulées dans le Code, l'obéissance de la femme et la protection du mari ont
été écrites dans la Bible. Les relations établies

entre eux par la loi tirent leur sanction du récit de Moïse.

Supprimez le conte oriental d'Adam et Ève dans le Paradis terrestre, l'art. 213 n'a plus d'autre soutien que la législation de l'antiquité ou de la barbarie. Cette législation conférait le droit de vie et de mort au maître sur les esclaves, au père sur les enfants; qui voudrait défendre et perpétuer de pareilles dispositions?.. Je ne pense pas que son autorité, en ce qui concerne la femme, soit plus infaillible.

Si un texte peut prétendre à l'infaillibilité, c'est celui de la Bible.

Or, les savants modernes, dit-on, n'admettent pas sans erratum les données scientifiques du législateur des Hébreux. Géologues, astronomes, naturalistes, s'accordent à repousser des éléments de leur science les chapitres de la *Genèse*, qui n'ont pas à leurs yeux une valeur d'axiômes.

S'il en est ainsi, il ne serait pas impossible

que le procédé, selon lequel, au dire de Moïse, la femme a été créée, fût également l'objet d'un doute. Ève, extraite de la côte d'Adam, n'est pas plus une vérité peut-être que le soleil tournant autour de la terre, bien que la Bible le certifie.

Et pourtant cette côte est toute entière dans le Code civil. Pourquoi la femme doit-elle obéissance au mari? Parce qu'elle sort de lui, parce qu'elle est une partie de lui-même. Sa subalternité tient à son essence, c'est un fait généalogique.

« C'est un os de mes os, c'est la chair de ma chair, » dit Adam de sa compagne, et tous les fils d'Adam le répètent de toutes les filles d'Ève, de par la loi.

Mais la loi n'emprunte pas seulement son autorité à cette côte génératrice; passons au dénouement du premier roman de la famille humaine.

Selon la tradition hébraïque, il dépendait de nos parents de jouir d'une félicité immortelle dans le jardin où Jéhovah les avait placés. Le serpent, c'était l'emblème du génie du mal chez les Orientaux, le rusé serpent tenta Ève, Ève tenta Adam ; et Dieu chassa le couple désobéissant de son délicieux domaine. Comme la femme avait été l'instrument de la chute de l'homme, Dieu la condamna à la domination de son mari.

Puisque les savants contestent l'exactitude du système de la création exposé par Moïse, cette explication de la présence du bien et du mal sur la terre pourrait être contestée par les philosophes. Ils n'y ont pas manqué. J'ignore s'ils ont trouvé la solution de ce mystérieux problème; ils n'en ont pas moins classé l'histoire d'un Paradis terrestre à côté de la fable de l'âge d'Or.

Et pourtant la loi du xix⁰ siècle de l'ère chrétienne est un écho de cette voix de Jéhovah, disant à la femme : *Ton mari te commandera.*

Ainsi le Code est en pleine concordance avec

la Genèse, tandis que la Genèse est contredite par la science ou par la philosophie. La législation donne raison à l'Église, tort à l'Institut et à la Sorbonne.

Il me suffit que le récit de Moïse ne soit plus devant nos docteurs d'une authenticité irrécusable; et j'oserai, n'étant ni savante ni théologienne, expliquer ce récit à ma manière. Toutes les femmes ont appris le catéchisme; les unes ont oublié, les autres continuent de croire; il en est qui, sans croire, sans oublier, tâchent de comprendre ce qu'elles ont appris.

Si je ne me trompe, toute société invinciblement poussée à adorer Dieu, ne fait pas moins invinciblement Dieu à son image. Les instincts, les idées, les sentiments humains ont été divinisés. Le ciel est le miroir où se réfléchit la terre. Et quand la terre a placé au-dessus d'elle, en divinité, tout ce qu'elle aime à faire, à penser, à sentir, elle déploie énergiquement ses facultés vers un but que le ciel lui marque.

Elle agit sous une inspiration divine, pour un but divin, l'enthousiasme ajoute à sa puissance. Mais, comme chaque jour amène sa tâche, il arrive qu'à certaines époques la société désire un nouvel emploi de ses facultés, et alors elle conçoit, elle pratique, elle aime Dieu d'une façon nouvelle. Pour parler clairement, car je voudrais être claire surtout, d'époque en époque l'homme se révèle Dieu sous l'aspect qui correspond le plus fidèlement à la mission qu'il a à remplir; s'il lui faut guerroyer, il se fait Dieu belliqueux; s'il se lasse du métier des armes, il se fait Dieu pacifique, et il se voue à l'imitation du Dieu qu'il s'est révélé.

Quand je veux me représenter la marche progressive du genre humain, je me figure une carrière immense où la procession des peuples s'avance d'un autel à un autre autel plus élevé, d'un temple à un temple plus vaste, par exemple, de la pierre druidique à la cathédrale gothique; et chaque fois que la procession dépasse un de ces autels ou l'un de ces temples, elle le renverse, parce que la force d'impulsion qui lui venait de cet étendard religieux est épuisée; elle plante sur de nouveaux signes en pierre un nouvel étendard qui la guide et l'entraîne.

Cela revient à dire que toute religion est le symbole de l'état social auquel elle préside.

D'où il suit qu'aucun de ces symboles ne doit être pris pour l'expression d'une vérité absolue, aucune société n'ayant pu connaître ce genre de vérité.

Si Dieu lui-même montait en chaire, il n'aurait garde de dire autre chose que la vérité praticable et compréhensible par le peuple dont il se ferait l'éducateur. Ne voudrait-on pas qu'il fût moins sage que le précepteur qui se met à la portée de ceux qu'il enseigne? Regardez à la succession de la Bible, de la Prophétie et de l'Évangile, que l'on rapporte à la même révélation divine, favorisant le même peuple.

Dieu a parlé trois fois aux Hébreux ; c'est qu'à chaque fois il n'a dit que ce qui pouvait être entendu; l'initiation a été graduée. Si je ne craignais pas de rabaisser de si grandes choses, j'ajouterais que la Bible est l'enseignement primaire ; la Prophétie l'enseignement secondaire ; l Évangile l'enseignement supérieur.

Cette succession d'enseignements divins, résumée dans une foi unique, n'est-elle pas merveilleusement exprimée par la scène du Mont-Thabor ? Jésus y apparaît à ses disciples, ayant à sa droite Moïse qui porte les tables de la loi, à sa gauche Élie qui tient les feuillets prophétiques, et, lorsque ces mots s'échappent du sein de la nue; *celui-ci est mon fils bien aimé*; les disciples n'aperçoivent plus que le Maître, sublime transfiguration d'Élie et de Moïse.

Le législateur des Hébreux, eût-il été instruit par Dieu lui-même, ne pouvait donc que

dévoiler les vérités accessibles à un peuple barbare. Ce peuple d'esclaves retombait à chaque
instant dans l'idolâtrie, et Jehovah lui pres-
crivit l'extermination de ses voisins. La femme
n'y était qu'une servante avilie. Cette subalternité devait être écrite dans ses traditions
comme l'arrêt irrévocable. de Jéhovah. Ce
n'était qu'un arrêt provisoire conforme à
l'état des mœurs, modifiable comme elles. En
effet, ces traditions, appropriées à la civilisation
des Hébreux, étaient le gage d'un double progrès que les siècles suivants auraient à dévelop-
per. Toujours une grande doctrine est tout
ensemble un fruit du passé, un germe de
l'avenir.

Les légistes s'en tiennent au fruit; le monde
fait fructifier le germe.

Voyez plutôt !

L'*Unité* de la race humaine, qui, selon la
tradition biblique, résultait de l'unité de la
souche, renfermait la doctrine de l'*Égalité* et

de la *Fraternité* qui, peu à peu, se sont fait jour.

Et delà la possibilité de l'*Association*.

De même, bien qu'en vertu de l'origine et du péché qui lui étaient attribués par la tradition, la femme fût vouée à l'infériorité, l'*unité* des deux sexes dans l'Adam primitif eut pour conséquence la mansuétude de l'homme envers une partie de lui-même; plus tard, siècle à siècle, de cette *Unité* devait sortir entre l'homme et la femme la pratique de l'*Égalité* et de la *Fraternité*.

Et delà aussi, la possibilité de l'*Association*.

Association entre toutes les races et toutes les classes; association entre l'homme et la femme; voilà ce qui découle de la tradition biblique, telle que l'a interprétée la longue suite des progrès politiques et moraux du monde.

La loi française est la reproduction de la *lettre* de la loi hébraïque ; tôt ou tard l'*esprit* qui s'est développé en dehors du texte, lui fera accepter un amendement.

Où les traces de cet esprit ne sont-elles pas visibles ? Au beau milieu du moyen-âge, quand la société se trouvait morcelée en une multitude de clans militaires, alors même que la guerre est le devoir de quiconque a un cheval, une épée et un écu, voici la chevalerie qui s'avise d'un supplément à la religion de l'Église. *Dieu et ma dame*, dit le paladin qui inspire son courage de son amour, son courage et sa merci pour le vaincu, le faible, le désarmé. C'est de la femme qu'il attend le prix de ses prouesses, et il l'érige en reine du tournoi ou de la cour d'amour, elle que l'Église lui prescrit de considérer comme un être inférieur, comme la cause de la déchéance de l'homme. Brave chevalerie ! Elle prend sur elle de réhabiliter ce que l'autorité spirituelle a rabaissé. Sans chicaner le dogme, elle fait une addition au culte, et la femme en a les honneurs. Le château, le tournoi, le champ de bataille où elle use sa vie sont les témoins de son adoration à la fois passionnée et mystique. Ce sont des temples profanes qui rivalisent l'Église. Si elle répète avec les clercs que la femme a fait déchoir l'homme, elle met la main sur son cœur, et, sentant bien que de la femme lui viennent les généreuses exaltations de l'héroïsme et de la pitié, elle ploie le genou devant la fille d'Ève, en dépit du péché originel, sachant que, par la femme, elle s'élève et ne déchoit pas.

Ceci se passait dans le monde profane. Que se passait-il dans le monde sacré ?

L'Église, tant qu'elle fut un corps animé, s'appliqua à modifier, selon les besoins de la civilisation, la doctrine dont elle était la dépositaire. Cette doctrine était, pour ainsi parler, la robe sans couture. Nonobstant, la sapience ecclésiastique trouva moyen d'assouplir la robe, et, partant, d'y faire entrer ce qui ne pouvait d'abord s'y ajuster. Elle se laissa forcer la main par les laïques. Le monde chrétien s'épouvantait parfois du ciel qu'on lui avait fait, n'y rencontrant qu'une triple figure mâle, triple austérité que la miséricorde ne tempérait pas. Si la figure du Christ laissait tomber un rayon et un baume sur les cœurs endoloris des femmes, les hommes cherchaient et ne trouvaient pas la charité compatissante sous les traits gracieux de la femme. Le ciel leur parut désert. Leurs vœux furent exaucés. Il était malaisé à l'Église de concilier la réhabilitation de la femme avec l'anathème biblique qui pesait sur elle, et que l'Évangile n'avait pas levé. Comment faire siéger dans le ciel le sexe que Jehovah lui-même avait chassé du Paradis terrestre? Il y fallait une série de miracles, cela n'arrêta point. La mère du Christ, celle dans laquelle le Verbe s'était fait chair, fut retirée de son humilité première. Ève avait failli comme épouse; Marie fut déclarée vierge, vierge et mère. Dès lors, cette miraculeuse exception à la destinée commune de son sexe put être jugée digne d'une apothéose. Ce fut à elle que fut rapporté l'accomplissement de la parole prophétique adressée par Jéhovah à Ève : *Tu écraseras la tête du serpent.* Comme le Christ avait été le nouvel Adam, Marie fut nommée l'Ève nouvelle, la rédemptrice de son sexe. Marie prit place dans la hiérarchie céleste au-dessous de la Trinité, au-dessus des anges qui portèrent son trône sur leurs aîles, et le monde chrétien adora avec ferveur cette étoile médiatrice entre les ombres douloureuses de la terre et la majesté assombrissante du ciel.

Ce fut peut-être aussi pour les saints les plus purs de l'Église une douceur que d'oser contempler, dans les profondeurs transparentes de la nuée, une image divinement belle et miséricordieuse du sexe qu'il leur était interdit de regarder sur la terre : la vierge des vierges, comme dit St. Bernard, fut la rose mystique de la cellule.

Ainsi, vers la même époque, la société laïque, par la chevalerie, se prononçait ouvertement contre la subalternité de la femme, et, par l'intronisation de la Vierge, l'Église mitigeait habilement la rigueur de ses traditions.

Voilà ce qu'aux temps de foi intraitable, il est advenu dans le monde chrétien de cette doctrine de l'infériorité de la femme, motivée par sa participation à la chute de l'homme. Je crois inutile de redire, chacun le sait, comment les mœurs modernes ont enchéri sur la subtile hérésie de l'Église, sur la loyale protestation de la chevalerie. Aujourd'hui, si en droit, la femme doit obéissance au mari, en fait, l'autorité est dévolue à qui sait ou à qui peut la prendre. Une hiérarchie n'est jamais une affaire de convention, c'est une affaire d'équilibre entre deux puissances ; égales, elles se pondèrent, ou ce qui est faible descend, ce qui est fort monte.

Et puisque de nos jours les esprits ne sont

plus asservis à une stricte croyance, combien
en est-il qui puissent sincèrement se persuader
que la femme soit une cause de déchéance
pour l'homme? Il n'est pas un fils qui ne re-
connaisse ce que sa mère a eu de part salutaire
à sa destinée ; pas un amant ou un mari qui
ne sache ce qu'une affection bien placée a eu
d'ascendant sur les bonnes déterminations de
son intelligence, sur la bonne conduite de ses
intérêts. Le rôle de la femme dans la vie privée, son influence sur la vie publique ne permettent à personne de la tenir pour un agent
du génie du mal dans l'histoire de l'humanité,
pour une tentation du diable. Elle aussi a été
un instrument de civilisation, et c'est ainsi
qu'elle a *écrasé la tête du serpent*. Parole assurément plus vraie que la parabole biblique
dont elle est le dernier mot et la consolation !

Si donc le Paradis terrestre, comme on l'a
dit, est une sublime fiction de l'espérance pla-
çant son rêve en arrière ;

Si cette fable primitive n'est en quelque sorte qu'une prophétie retournée, et que l'avenir soit chargé de réaliser ce que le passé raconte ;

Si l'établissement de la paix, les merveilles de l'industrie, la vapeur et le télégraphe électrique doivent un jour faire de la terre un paradis et de l'humanité une famille ;

La femme, pour sa part, aura contribué à l'accomplissement de ce progrès, hélas ! encore bien loin de nous, j'en ai peur :

Mais, en ce cas, la tradition biblique tournerait à l'honneur d'Eve, puisqu'en procurant à Adam la connaissance du bien et du mal, elle l'a arraché à la torpeur de conscience du premier âge ; puisqu'en le faisant déchoir d'un état de béatitude inerte et contemplative, elle lui a fait faire un premier progrès.

Laissons l'avenir ; le passé et le présent suffisent à infirmer la tradition biblique, en ce qu'elle a de dégradant pour la femme.

La dégradation n'en est pas moins écrite dans la loi, et trop d'exemples encore montrent l'abus qui peut être fait d'un seul article livré à une nature arriérée.

VII.

Vie privée.

« Il est peut-être possible de conserver de l'amour au fond du cœur pour un homme qui vous traite comme il m'a traitée, si d'un autre côté cet homme excite notre admiration, s'élève à vos yeux par de grandes actions, par de grandes œuvres : mais on ne l'aime que s'il est bon, s'il est juste, s'il est consciencieux, s'il vous rend là vie douce. Il n'est pas nécessaire de faire de grandes choses, mais il faut savoir les sentir, les admirer, s'y intéresser. Je ne puis dire a quel point cet esprit de dénigrement et d'ennui de toutes choses, cette impossibilité de prendre a rien vivement, m'a totalement découragée de lui.

(*Impressions de Mme de Praslin,* 13 juillet 1847.)

Si j'ai donné à croire que, selon moi, tout serait au mieux dans le mariage, pourvu que l'on reconnût le principe de l'égalité entre les deux sexes, je me suis mal expliquée. Conforme au fait, correspondante au droit, cette reconnaissance ne changerait pas les choses en bien; il ne s'en faut pas de si peu.

Le mariage est à la fois malade de sa maladie propre et de la maladie générale de la société. L'égalité n'a pas la vertu d'une panacée.

Sans doute le désarmement de tous les privilèges précède la conciliation de tous les droits. Mais l'égalité des deux sexes fût-elle écrite dans la Chartè, les bénéfices de l'association ne leur seraient pas assurés par ce trait de plume, et néanmoins le mariage ne cessera d'être une concurrence entre deux parties exploitantes, ainsi que cela arrive, qu'en passant au régime de l'association.

Or, toute association, publique ou privée, exige une communion préliminaire d'idées, de sentiments et d'espérances entre les parties à associer. Est- ce que cela existe? Est-ce qu'on s'en préoccupe? Je vois bien devant le notaire des parties *contractantes ;* voilà pour l'existence de la maison : devant le maire, des parties *conjointes ;* voilà pour l'existence dans la cité : devant le prêtre, des parties *consentantes ;* voilà pour la vie dans le ciel. Je ne vois pas que les trois traits d'union, formés par ces trois fonctionnaires d'ordres divers, consacrent entre les époux le moindre rapport de goûts, d'affections et de pensées. Que cela ne puisse être autrement aujourd'hui, j'en conviens ; cela n'en est pas mieux pour être ordinaire.

Mon Dieu ! le monde a établi avec sagacité la classification des mariages, et l'on ne découvre pas dans les espèces mentionnées un indice de cette communion morale qui est la garantie d'une bonne union. Voici la classification.

MARIAGE D'INCLINATION.

En général, cette espèce de mariage procède d'une surprise des sens ou d'une rencontre de deux sympathies errantes et échevelées, courant de désappointement en désappointement après un idéal impossible. C'est l'espèce la plus décriée, non à cause de son vice réel, mais à cause du désintéressement qui la caractérise.

MARIAGE DE CONVENANCES.

Cette espèce de mariage est l'arrangement de deux existences à l'état placide quant au cœur, à l'état neutre quant aux opinions, à l'état chatouilleux et digne en ce qui concerne la position sociale. C'est le rendez-vous de deux étiquettes morales ou politiques. Par un temps de guerre conjugale, c'est le produit de la diplomatie appliquée au mariage.

MARIAGE DE RAISON.

Cette espèce de mariage s'accomplit par le

sacrifice de l'une des deux parties moyennant un avantage. Disproportion d'âges, disparité de condition, déficit de sympathie, tel est le sous-entendu du mot *raison*, qui décore la résignation vénale d'une victime bien apprise. Si la raison ne rapportait rien, on la nommerait folie. En un mot, le mariage de raison est un *mariage par incompatibilité*, le contrat aidant.

MARIAGE D'ARGENT.

C'est le marché sans nul déguisement. Cela se négocie, cela a ses courtiers, cela s'offre et se demande. Résultat du progrès de la banque, de l'industrie et du commerce.

A Dieu ne plaise que tous les mariages rentrent dans l'une ou l'autre de ces catégories ! Je ne crois pas à l'universalité du mal. Mais souvent, entre les époux qui satisfont à certaines conditions requises, il y a absence des bases morales de l'union. Ce n'est pas de leur faute, ils sont ce que le monde auquel ils appartiennent a pu les faire. Qu'est-ce à cette heure que ce monde ? Une arène où toutes les doctrines sont aigrement controversées, où, en quoi que ce soit, il n'y a plus un *credo*, mais presqu'autant d'églises hostiles que d'individus ; à moins que les individus ne prennent le parti de neutraliser, par paresse d'esprit ou pour la commodité du vivre, la mutuelle antipathie de leurs croyances. C'est un champ clos ou une table rase. Comme la petite société qui s'appelle la famille se compose des éléments de la grande société, son état moral est semblable. Les mêmes motifs de discorde, la même lacune dans les motifs de s'unir s'y retrouvent, et chaque famille, obéissant aux influences générales qui régissent le monde, est ici à l'état de mer orageuse, là à l'état de mer morte.

Rien ne supplée cette communauté de sentiments et d'idées. C'est la seule que n'atteignent pas les inconstances de la passion et la divergence des intérêts. Malheur aux époux qui, dans les épreuves conjugales, ne retrouvent pas un autel commun, quel qu'il soit, près duquel leurs mains peuvent encore se serrer, parce que leurs esprits et leurs cœurs s'y sont rencontrés! Malheur aux époux qui, en dehors même des liens de la famille, ne peuvent se retenir l'un à l'autre et se rapprocher par un lien social!

Aujourd'hui que le *chacun pour soi* est une devise avouée, la vie privée est sans rapport avec la vie publique. Que le mariage soit le fruit de l'intérêt ou de la passion, c'est, selon un mot célèbre, *un égoïsme à deux.* Cet égoïsme n'admet aucune communication possible ou utile entre son petit monde et le grand monde. Cela est inévitable. Le grand monde ne se propose aucun but qui l'électrise; le petit monde ne peut donc être pénétré par aucun de ces courants électriques qui lui donneraient la conscience de sa relation nécessaire avec tout ce qui l'entoure. Le cœur de la cité se refroidit, sa chaleur n'arrive plus aux cœurs des individus, et chacun s'isole, chacun tâche à se réchauffer à son foyer ; il n'a pas souci du reste.

Penserait-on que les devoirs et les plaisirs de la famille suffisent à maintenir la paix de chacune de ces petites sphères, sans qu'il leur soit besoin d'harmonie avec la sphère immense dont elles sont partie ? Erreur. Supposez dans un couple la réunion de toutes les convenances d'âge, de nom, de fortune ; ajoutez-y un mutuel amour, et voyez.

Figurez-vous la duchesse au premier jour de son mariage, montant le perron du magnifique château de Vaux, et montant, comme elle se le rappelait plus tard, *pleine de joie, d'amour, d'espérances confiantes;* figurez-vous, dis-je, une sorcière de Bohême l'arrêtant sur les degrés du perron et lui prenant la main

pour y chercher les lignes du bonheur. Avec
quel abandon la nouvelle mariée livrerait sa
main, défiant tout présage fàcheux de venir
à l'encontre de ses espérances, heureuse de
s'entendre confirmer par une science hasar-
deuse tout ce que son cœur lui dit à coup
sûr ! Le nouvel époux se prête en souriant à
ce badinage. Le cortége se groupe autour de
la jeune duchesse. Et alors la sorcière, ayant
regardé la main, refuse de parler ou balbutie.
On presse, on prie, on ordonne, on fait violence à cet oracle qu'on méprise et qu'on veut
connaître, dont on hausse les épaules et dont
on éprouve une secrète terreur. Et la sorcière
parle.

—Ce mariage, dit-elle, est maudit;

« Ce château où vous entrez tous deux
comme dans un paradis sera pour tous deux
un enfer;

« Il y aura ici des pleurs et des grincements
de dents;

« L'amour s'éteindra dans l'un et brûlera dans l'autre ;

« L'un de vous aura des enfants, l'autre n'en aura pas ;

« Cette chaîne de fleurs dont vous vous enlacez si doucement à cette heure, vous vous en étreindrez avec frénésie avant de périr ;

« Au bout de cette chaîne de fleurs sont le poignard et le poison. »

— Chassez cette insolente, aurait dit le nouvel époux à ses gens.

— C'est une folle, aurait dit la nouvelle mariée, elle qui, par ses supplications et son désespoir, avait forcé la résistance de son père à ce mariage.

Et tout cela s'est réalisé.

Les deux époux se sont abimés dans leur amour, ne voyant, ne songeant, n'aimant qu'eux ; fous condamnés à eux-mêmes dans une île déserte. La satiété est survenue chez l'un, l'autre avait retenu toute l'ardeur de son premier amour. Que restait-il de commun entre eux ? Les enfants ? Entre leurs mains les enfants devinrent des armes, le prix disputé de leurs combats. La mère les livra pour racheter le cœur de l'époux qui les garda et ne rendit pas son cœur. Les enfants ôtés, qu'y avait-il désormais de commun entre eux ? Rien. Ni le soin de leurs intérêts, ni le zèle de leur fortune politique ne leur fournissait l'occasion de se rapprocher. Leurs grands biens les dispensaient du travail, leur rang les dispensait d'ambition. Sur quel terrain auraient-ils pu se toucher sans se froisser ? Leurs opinions religieuses différaient, il n'y avait entre eux aucun rapport d'idées élevées. Ils s'étaient crus suffisamment unis par leur amour ; l'amour faisant défaut, tout autre appui manquant, ils retombèrent l'un sur l'autre pour se meurtrir. C'étaient deux ennemis sous le même toit, puisqu'il n'était pas un seul mot de la langue humaine

qu'ils eussent à prononcer ensemble avec effu-
sion et d'accord, pas même celui d'enfants!
Oh! alors la satiété de l'un devint une atroce
insensibilité; l'amour de l'autre un délire.
L'égoïsme à deux fut un duel à mort.

La vie privée a ses dieux qui lui donnent sa
sainteté; mais que devient-elle, lorsque à
côté de ces dieux domestiques voilés de deuil
ou de tristesse, ne se trouve pas une Table
sainte à laquelle les deux époux puissent encore communier?

VIII.

La vie privée est murée.

« Tu veux me rendre moins exigeante,
et tu me prives, permets-moi de te dire
la vérité, des droits les plus naturels;
tu veux me rendre moins inquisitive,
et tu me refuses la moindre réponse la
plus simple; tu veux me rendre plus
douce, et tu froisses sans cesse tout ce
qu'il y a de plus tendre et de plus délicat dans le cœur d'une femme; tu veux
me rendre moins jalouse, et tu mènes
une vie capable, je te le jure, d'exciter
la jalousie de la femme la plus calme et
la plus indifférente. Oui, je ne doute
pas un instant quand je suis de sang-
froid, de tes bonnes intentions vis à-vis
de moi; mais je vois avec terreur les
crises et les ravages que produit la
violence des remèdes, et je crains bien
que, lorsque la maladie cèdera au remède, le feu qu'allument le médecin
et le malade ne soit entièrement épuisé
chez le premier moralement, et chez le
second physiquement.

(*Lettre de Mme de Praslin,* trouvée
dans le sécretaire du duc.)

La vie privée a donc ses crises, et bien que
la terminaison n'en soit pas toujours sinistre,

ces crises peuvent être sérieuses ; aux cas ai-
gus fréquemment répétés succède un mal chro-
nique. Mais ce qui est propre au x maladiesu
mariage, c'est que nul médecin n'y est appelé.
La vie privée est murée.

Cette maxime se retrouve sous d'autres
formes également nettes et pittoresques.

*Il ne faut pas mettre le doigt entre l'arbre
et l'écorce.*

Qui touche au fourreau touche à l'épée.

Sans contredit, le mystère de la vie privée
veut être enveloppé de voiles. Ainsi le veulent
la dignité virile et la délicatesse féminine, le
charme de leur union. C'est l'hommage que
tous doivent à chacun, le devoir qui oblige la
société envers l'individu. Jusqu'à quel point la
puissance publique doit-elle intervenir dans le
cercle tracé autour de deux époux ? Ne doit-
elle jamais soulever les voiles et pénétrer dans
le cercle ? C'est une question excessivement
chatouilleuse que je ne prétends pas résoudre.

Je me borne à remarquer que l'invention du système de clôture hermétique part du maître qui institua le respect absolu de la vie privée dans l'intérêt de sa domination et sous l'inspiration de sa jalousie.

La main qui, en Orient, met un fermoir à la figure des femmes, des fenêtres grillées à leurs appartements, des eunuques aux portes, la même main élève autour de sa maison d'Europe une barrière inviolable. Si, selon l'étiquette de la monarchie des Espagnes, étiquette antique, la reine, même en péril, devait y laisser sa vie plutôt que l'honneur du roi, en refusant le secours d'une main étrangère ; plus d'un homme répète volontiers : *Ne touchez pas à la reine,* c'est-à-dire à mon appartenance.

Quoi qu'il en soit, des exagérations ridicules ou iniques ne détruisent pas la vérité d'un principe. Mais ce n'est pas le seul qui soit au monde. Et comme les principes ne sont pas des parallèles entre lesquelles la société soit comprise, comme à chaque instant ils ont leurs points d'intersection, ils se limitent les uns par les autres. Si le droit de l'individu ne se conciliait pas avec le droit de la société, il faudrait proclamer le règne de la souveraineté de chacun, et commencer par restaurer l'autorité du père dans la plénitude du despotisme patriarchal.

Le père abuse ; ainsi du mari, ainsi de la femme. Est-il juste, est-il bon que ces abus échappent à tout regard, à toute parole, à toute intervention, et s'accomplissent, comme dans un mystérieux sanctuaire, entre deux consciences et Dieu? Cette question, en vérité, je n'ai pu m'empêcher de me la poser en présence d'un évènement terrible précédé de tant de douleurs. J'ai assité à une longue maladie devenue incurable et mortelle, je me suis demandé si cela ne pouvait être évité. Non, me suis-je dit, puisque ces deux époux demeuraient livrés à eux-mêmes. Le mari s'érigeant en médecin du mal dont il était l'auteur, et l'empirant par un traitement froidement barbare; la femme blessant le mari qu'elle voulait retenir, et développant en lui, par réaction, un mal opposé au sien; une grande maison offrant la lutte de deux malades, dont chacun avait la prétention de guérir l'autre; celui-là, maniaque de répression, s'armant en quelque sorte d'une camisole de force pour réfréner une âme en délire; celle-ci, résolue à communiquer sa vie brûlante, s'armant, pour ainsi parler, d'un moxa pour rendre l'énergie à une âme énervée; quel hideux spectacle, si le cri de la passion sublime et l'éclair de la raison élevée ne vous contraignaient à écouter, à regarder ce dialogue de deux époux seul à seul! Et l'on se sent opprimé d'une terreur que rien n'allège. C'est la tragédie antique avec sa sombre fatalité. La catastrophe est toujours devant les yeux, de moment en moment elle approche, tous deux conspirent à la provoquer, et pas un Dieu ne viendra les sauver l'un de l'autre !

Ils étaient seuls, ils se sont perdus.

Certes, ce serait calomnier le mari que de lui attribuer une de ces exécrables perversités qui commettent le crime sans y être poussées par d'invincibles ressentiments. Que son amour eut cessé, ce n'est pas dans son inconstance qu'est le crime. Le crime fut de se constituer le directeur de la femme qu'il n'aimait plus et dont il ne voulait plus être aimé. Que d'autres, plus habiles, eussent senti leur main frémir d'une œuvre qui réclamait tant de dextérité et de souplesse, une bonté si infatigable ! Délier sans rompre, détacher sans briser, modérer sans anéantir; voilà ce à quoi il se montre intrépide, l'imbécille ! Et d'abord il la heurte en tout de front, c'est son système, cet homme a un système. Elle est jalouse, ombrageuse, inquiète; il ne lui épargne aucune des apparences de l'infidélité. Elle est fière, il l'abreuve

de hontes publiques. Sa tendresse qu'il repousse et qui déborde ne pourra pas même
se verser sur ses enfants dont il la sèvre.
Incapable, par la médiocrité de son esprit et
de son caractère, d'exercer un ascendant réel
sur une nature plus richement douée que la
sienne, il se sent aimé, et il abuse de la faiblesse d'une âme ardente. Sa fatuité lui per-
suade qu'il peut tout se permettre dans l'application de des procédés, et il persevère, durant des années entières, dans ce manège dont
le mauvais succès l'entête. Plus il se sent im-
puissant, plus il s'aigrit et s'opiniâtre à réduire
la rébellion. Enfin le mari précepteur termine
son éducation par un coup de poignard ; le
grand moraliste tourne à la bête enragée ; il
voulait délier, il tranche ; guérir, il tue.

Le mari péchait par défaut de cœur, la
femme par excès. Sa passion lui ôtait tout
l'avantage de son intelligence, et sa tendresse
en était troublée à perdre la fraîche limpidité

qui invite ; ce n'était pas le lac, c'est un tor-
rent. Et rien chez elle de cette science artificieuse qui s'étudie à reconquérir. Elle aime
trop pour être habile. Son âme est d'une
femme, son génie est virilement loyal. C'est
envain qu'elle reconnaît sa maladresse qui
tourne toujours contre elle ; elle ne peut
la réformer. Et à sa fierté native s'ajoute
l'orgueil de son amour. Elle aime ! c'est
son titre. Hélas ! l'amour qui ne charme
plus n'est-il pas plus près d'être un crime
que d'être une vertu ? Pour plaire, il lui
faudrait ajuster à sa physionomie souffrante
un masque de gracieuse condescendance aux
désirs de son mari ; le masque éclaterait sur
sa figure, et pourquoi se ferait-elle comédienne lorsqu'elle a dans son âme ce trésor
qui vaut mieux que l'art ? Elle aime ! Mot fatal qui revient sans cesse et qu'on ne lit pas
sans épouvante. A ce mot on voit celui qui
n'aime plus se reculer avec une aversion plus

marquée. Plus elle brûle, plus il se glace. Plus elle s'épanche à flots véhéments et amers, plus il s'endurcit, et quoi qu'elle fasse, inépuisables épanchements, prières, larmes, tout offense, tout éloigne, rien n'attire... Etait-ce impossible d'attirer et de retenir si elle avait su se posséder? si sa diplomatie avait patiemment tissu ces filets où l'homme se laisse plus volontiers emprisonner, comme si sa vanité se prêtait mieux à l'adresse qui captive qu'à la violence qui arrête ! Enlacez, ne prenez pas au collet. Mais que lui demandez-vous? Elle ne peut, elle ne sait la fausseté. Tout détour lui coûte. Les pieuses fraudes du cœur lui sont étrangères, et elle marche droit à son but, essayant son amour comme un glaive contre les attaches de l'infidèle, montrant toujours à nu son âme vulnérable, et blessée, toujours blessée. Saignante de tant de coups, lorsque, de guerre lasse, elle se prosterne aux pieds de cet homme dont elle proclame la supériorité, dont elle accepte l'autorité avec le repentir de ses emportements ; tant d'humilité ne semble qu'un moyen détourné d'invasion dans ce cœur qui veut lui rester fermé. Plus son humilité contraste avec une impérieuse aigreur, plus elle est convaincue d'un inextinguible amour. Et qui sait si à genoux la superbe duchesse ne lui semblait pas une mendiante obstinée ? C'est fait d'elle. Elle aime, elle n'a su qu'aimer. Enfin, avec ce mot elle prononçait le mot de mariage, mot sacré pour elle, mot dont elle se fit sa croix et sa couronne, et l'autre, ne prenant de cette religion qu'à sa convenance, trouvait ridicule ce mot mariage, odieux ce mot d'amour !

Ainsi s'est accomplie, dans le sanctuaire impénétrable, la destinée de ces deux époux.

S'ils avaient pû être ramenés aux conditions d'une existence plus ordonnée, ce n'était pas par eux-mêmes. Dépendait-il d'eux de régler, sans de nouveaux débats, les conditions de leur paix? Parties si vivement intéressées, pouvaient-elles se juger? Quand leurs opinions et leurs croyances étaient si opposées, leur était-il possible de résoudre à eux deux le terrible problème qui s'agitait entre eux? Leurs efforts n'ont été qu'une lutte, la lutte a duré près de dix ans, et comment a-t-elle fini? Toute famille sans doute n'est pas la famille des Atrides. Mais un cas extraordinaire n'est jamais isolé, c'est l'indice d'une maladie qui, sans avoir partout la même gravité, a son cours.

Ne serait-il pas surprenant que la discorde conjugale fût bannie de la terre, lorsque tant de mariages se font sous les auspices de l'argent? Je ne proscris pas l'argent, je voudrais qu'on le mît à sa place. Par malheur c'est trop souvent la première qu'il occupe dans le mariage; de là l'oubli des conditions essentielles d'une entente véritablement cordiale. Et le tort n'est pas uniquement du côté des hommes.

S'il est des coureurs de dots, il est plus d'une demoiselle, pudiquement et religieusement élevée, qui a appris de sa mère le ridicule des grandes passions, la sagesse des bons partis. C'est un ange qui calcule. Ne voulant toucher la terre du bout de l'orteil, l'ange aspire à un équipage, et l'épouse plutôt que le cœur épris qui n'allait qu'à pied ; un cœur crotté, fi ! En fait de mariage, il y a presque autant d'intelligence des affaires d'un côté que de l'autre. Les choses n'en vont pas mieux. Dès lors la discorde ne laisse pas d'être fréquente, croyez-le bien.

Aux jours de foi, un grand pouvoir surveillait les époux pendant le mariage, comme il patronait leur naissance et les préparait à la mort. Il s'interposait pour réprimer, prévenir, diriger, et son ministère, autorisé du ciel, pénétrait dans l'ombre des secrets domestiques, en soulevait les voiles, en découvrait le mystère : étant lui-même mystère, voile, ombre.

L'Église s'était fait esprit pour entrer dans toutes les consciences.

Si je rappelle cette intervention tombée en désuétude, ce n'est pas comme modèle, c'est comme exemple. Je ne propose pas le passé, j'y montre le témoignage des nécessités senties et satisfaites suivant les idées du temps. Soit ! sous cet habit, avec cette forme, l'intervention ne convenait qu'au temps d'autrefois, je l'accorde. Mais notre époque écarterait-elle toute espèce d'intervention comme une superfluité, comme une injure ? C'est présumer beaucoup de sa sagesse.

Encore une fois, je ne viens pas prôner une direction à laquelle, et pour de bonnes raisons, on a renoncé. Ce que je voudrais faire comprendre, c'est que l'absence de direction est une lacune. Les femmes le savent bien, peut-être ; les hommes, non.

Tout citoyen, garde national, électeur et juré, professe en lui-même une confiance im-

perturbable, à l'endroit des questions morales.
Sa conscience est là. S'il projette une spécula-
tion, il consulte un homme d'affaires ; l'archi-
tecte, s'il bâtit ; l'agronome, s'il cultive ; l'ingé-
nieur, s'il établit une usine ; l'avocat, s'il plaide ;
le notaire, s'il médite un acquêt ou un place-
ment ; le médecin s'il est malade ; et il n'arrête
son opinion sur les événements politiques
qu'après l'avis de son journal, son orateur entendu. S'agit-il de sciences, il croira M. Arago
les yeux fermés ; d'art militaire, il jure par Na-
poléon. Sa spécialité à part, il est modeste par
bon goût, par prudence. Chacun son métier,
ou l'étoffe est gâtée. Mais qu'il s'agisse du gouvernement de sa famille, il n'a de foi qu'en
lui ; foi robuste et grasse, s'étalant et se plan-
tant ; c'est ceci, c'est cela ; il est compétent,
il est suffisant, il est excédant. Il tranche, il
taille ; s'il gâte l'étoffe, il n'en fera sa fin de
mois ni plus mal ni mieux. L'étoffe est vivante, n'importe ; il sait comment cela se ma-

nie; sa conscience est là. Il a trop de lumières pour admettre l'infaillibilité du pape, le pape fût-il anti-autrichien; mais il se fait infaillible en ce qui concerne la famille dont il est le chef. A ce titre, il relève uniquement de Dieu; Dieu seul est son juge. Entre lui et Dieu, il n'admet personne; un homme n'est jamais qu'un homme comme lui, de préférence il se croit, et il dirige son peuple selon les inspirations de son for intérieur. Flux de paroles! flux de vanité! Trop souvent l'esprit est troublé, les faits mettent sa théorie en déroute, et notre homme est fort empêché vis-à-vis de femme et enfants à gouverner. Digne et pauvre homme! si, sans honte, il pouvait donner son pouls à tâter, il n'hésiterait pas à donner pouls et cœur. Cette excessive confiance ne lui vient que de l'absence d'une direction à laquelle il se puisse ouvrir de ses plus chers secrets. Un juste sentiment de dignité l'avertit que de tels secrets, où le cœur transpire par tous les pores,

ne sauraient être dévoilés qu'à une autorité
pure, respectable, aimée. Où la trouverait-il?
Il faut payer de mine et s'arranger comme
on peut. Tout a une fin. Enfin sa logique lui
dit que là où, de par la loi, il y a un subalterne
et un supérieur, le débat est soumis à la déci-
sion du pouvoir constitué. La loi a prévu et
pourvu. Qu'entre l'ouvrier et le fabricant il y
ait des prud'hommes, rien de plus équitable ;
fabricant et ouvriers ne se sont pas épousés.
Mais, entre femme et mari, tout petit procès
aboutit au mari ; il est le prud'homme né, le
juge de paix nommé, le représentant breveté
de l'ordre public à l'intérieur.

Les femmes, en ce qui concerne la direction morale reniée par l'autre sexe, ont-elles
là même présomption? Je ne le pense pas.

Il a été spirituellement et éloquemment re-
proché aux femmes de livrer le foyer domestique au prêtre, et d'admettre entre elles et
leurs époux un étranger qui abuse, qui ne peut

pas ne pas abuser (1). Les hommes d'applaudir, je n'en suis pas étonnée. Si les maris tolèrent volontiers, chez leurs femmes, l'usage de la dévotion à petites doses, comme d'une sorte d'élixir de fidélité conjugale, ils s'inquiètent d'une dévotion prise avec trop de ferveur. Cela dérange un ménage, et, surtout, cela suscite une influence qui défie toute brutalité. Puis ils n'ignorent pas que toute femme, en se confessant, confesse deux personnes, si ce n'est plus. Cela les offusque fort qu'un homme arrive à connaître leur histoire secrète mieux qu'eux-mêmes, attendu qu'il lit dans la conscience de leurs moitiés tout ce qui est inscrit au compte de la communauté, et ce qui est porté au brouillard. En conséquence, que les hommes aient applaudi à la fine et verte satire de la direction cléricale, je le comprends ; mais j'aurais voulu qu'on dît pourquoi les

____

(1) *Du prêtre, de la femme, de la famille*, par Michelet.

femmes vont encore ou retournent à ce prêtre catholique, si mal mené de Luther à Voltaire, et de Voltaire à nos jours. Si c'est un mal, ce mal a une cause, et, aux yeux du siècle, cette cause ne réside pas dans l'impuissance des portes de l'enfer contre l'Église éternelle.

La cause, c'est la situation des femmes. Toute souffrance tend à la consolation.

Les unes cherchent Dieu à travers son église, les autres..... Je passe.

Maris, si soigneux de murer la vie privée et de l'interdire à toute influence extérieure, ne laissez-vous pas la porte ouverte à des influences qui font ravage chez vous, bien qu'elles ne s'habillent pas de robes noires ?

Je passe, dis-je, revenant aux âmes qui se tournent vers le ciel en prenant le chemin de la Terre-Sainte, de l'église. Est-ce chose étonnante ? La loi leur a dit : *obéissez ;* le mari applique la loi sans faire aimer son pouvoir ; d'une union mal assortie sont nées pour elles

les tristesses, les lassitudes, les désespérances ;
et il vous semble étrange qu'elles sentent le
besoin de placer léur résignation sous la rosée
des bénédictions célestés, de mettre une grâce
surhumaine de moitié dans leur courage?
Soyez plus indulgents ! Leur maison est
vide, elles se refugient dans la maison du
Seigneur. Leur présent est sombre ou ternè,
orageux ou plat jusqu'à la nausée, et
leurs aspirations ne monteraient pas, au-
delà de cet horizon, jusqu'à une sereine et
lumineuse félicité? Ne leur ôtez pas l'avenir.
Laissez-les embrasser cet autel, le miséricordieux y siége, et, avant d'être Dieu, il fut mar-
tyr. Laissez-les s'approcher de ce confessionnal où le prêtre de ce Dieu écoutera leurs do-
lénts murmures, et mettra dans le roseau
agité du vent la résistance de la croix. C'est
un ami, élu du ciel, qu'elles entretiennent de
leurs enfants à élever, des pauvres à soulager ;
et si elles ressentent, dans leur communion

avec Dieu, par les mains de ce prêtre, d'ineffables joies, ne criez pas au scandale. Don Juan, de nos jours, ne se ferait pas homme d'église; Tartuffe, avec son oreille rouge et son teint fleuri, se voudrait prélasser dans la haute politique industrielle. Quoi qu'il en soit d'ailleurs, dans le mariage tel qu'on le fait, il se trouve assez de souffrances pour qu'une partie des femmes cherche un allégement à leur bonheur domestique. Aux unes, le consolateur du boudoir; aux autres, le consolateur du confessionnal. Si vous en prenez ombrage, avisez. Disputez les femmes au prêtre, non pas en attaquant le prêtre, mais en le rendant moins nécessaire. Il change l'eau en vin; vous, ne changez pas le vin en eau. Tant que les choses iront du train actuel, n'en doutez pas, sous un nom ou sous un autre, l'influence extérieure arrivera aussi inévitablement chez vous que l'air chaud dans l'air froid et raréfié. J'ai dit au moins l'une des causes.

Au reste, en dépit de l'absolu de certains esprits pour lesquels l'absolu est le prétexte de l'arbitraire, il est des interventions au-dessus de toute équivoque, qui s'exercent dans les familles avec avantage. Quelquefois l'autorité des grands parents se fait écouter, en raison du respect qui leur est rendu ou du testament qu'on attend d'eux. L'office est toujours délicat, rarement le bien-venu. Les maris y recourent plus souvent que les femmes, qui ont à redouter les suites d'une médiation mal reçue ou le froissement d'un mari et d'un père; car il dépend du mari de ne rien ouïr, et de dire : *Je suis chez moi, restez chez vous* (1).

C'est son droit.

Premièrement, il est le protecteur, l'appui légal, le maître de la femme, et il n'abdique pas.

(1) Voyez au recueil des lettres une lettre noble et touchante de M. le maréchal Sébastiani.

En second lieu; la vie privée est murée.

Puis, un beau jour, c'est le commissaire de police, le médecin, le procureur du Roi, qui font une descente et fouillent la maison du haut en bas. Ils ouvrent les secrétaires, procèdent aux interrogatoires, dressent leurs procès-verbaux, et emportent vos papiers les plus intimes, saisis, numérotés, scellés, par liasses. Puis le juge instruit; les avoués entament la procédure, les avocats débitent plaidoiries et répliques, les tribunaux prononcent. Et votre intérieur, que vous aviez fermé d'une triple enceinte, est pris d'assaut par la brèche; vos trésors sont vidés, vos secrets sont livrés aux quatre vents de la publicité, les scandales sont étalés, comptés, secoués, tournés et retournés; heureux quand ceux qui touchent à ces dépouilles conquises par la justice ne les salissent pas eux-mêmes, parfois pour amuser les passants, parfois pour le besoin de la cause! Vous vous étiez enveloppés de voiles impénétrables, et vous voilà déshabillés devant le monde; voilà votre forteresse percée à jour comme une vieille ruine, et le sanctuaire, confié à votre garde, git dans le sang ou la boue!

IX.

Les enfants.

« Mon Dieu! ayez pitié de ces pauvres enfants, livrées seules et sans conseils au milieu de ces agitations et de ces fureurs; elles sont seules, mais venez à elles : vous y viendrez, mon Dieu! vous soutiendrez leurs pas timides, vous éclairerez leurs intelligences incertaines, vous dirigerez leurs cœurs vers la vérité, vers leurs devoirs.

« Vous m'avez ôté mes enfants, mais vous les protégerez, vous serez leur mère et vous les guiderez dans la voie droite qui mène à vous; vous serez leur père, et vous éclairerez leurs intelligences; vous serez leur mère, et vous les consolerez au jour de l'affliction; vous serez leur père, et vous les fortifierez au jour de l'adversité : car le plus faible est le plus fort quand vous êtes avec lui. »

(Impressions de Mme de Praslin,
17 juin 1847.)

D'intrépides stoïciens n'en penseront pas moins peut-être que mieux vaut le sacrifice de deux individus et l'inviolabilité de la vie privée. C'est la sagesse des extrêmes. Mais en admettant que les époux doivent porter la peine de leurs fautes, encore faudrait-il que le châtiment ne retombât que sur eux.

Et les enfants?

Les enfants seront-ils impitoyablement sacrifiés avec leurs parents au respect de la clôture domestique?

Hélas! les orages qui grondent entre deux époux ont un retentissement inévitable dans des âmes naïvement ouvertes à toutes les impressions.

La discorde des parents commence par être un spectacle pour les enfants, qui y assistent d'abord avec une sorte d'impartialité entre les deux acteurs. Le secret de la comédie leur échappe souvent, mais il y a des gestes ou des accents qui les émeuvent, des mots qui éveillent leur curiosité et se gravent dans leur mémoire; et soyez sûr qu'ils vont être à l'affût de la répétition de ces scènes qui leur révèlent des choses nouvelles de la vie.

Cette neutralité n'est pas de longue durée. Bientôt ils prennent parti pour le père ou pour la mère, suivant la loi des affinités, et, suivant l'issue du combat, ils sont eux-mêmes vaincus ou vainqueurs.

De là, affaiblissement de leur affection pour celui des parents qui froisse leurs sympathies ;

Affaiblissement de leur amitié fraternelle, puisque la guerre des grands a partagé les petits en deux camps ;

Affaiblissement même de la tendresse des parents pour ceux de leurs enfants qui ne font pas cause commune avec eux.

Il y a deux partis constitués : celui du père, celui de la mère.

Alors, aux sujets de querelle qui leur viennent d'ailleurs s'ajoute entre les époux un sujet permanent de querelle offert par leurs enfants. C'est d'un côté l'homme tout entier, avec son cœur de père et d'époux ; de l'autre, la femme avec son âme d'épouse et ses entrailles maternelles. Effroyable guerre que celle qui peut se faire aux heures du lever, du coucher, des repas et du repos, au coin du feu ou en promenade !

Qu'on n'oublie pas la participation des serviteurs.

Les serviteurs, devenus par le fait membres d'une famille à laquelle ils ne sont unis que par le lien du salaire, épousent quelquefois les querelles des maîtres ; quelquefois ils s'amusent à tout brouiller. Et par qui soufflent-ils le feu ? Par les enfants, avec lesquels ils sont en rapports de familiarité.

Tout s'aigrit, et les enfants, après avoir commencé par être des spectateurs paisibles du combat, en deviennent des instruments et des athlètes. Leur malice s'y plaît, et ils blessent sans savoir ce qu'ils font ; âge sans pitié, parce qu'il est sans conscience !

Pourtant, comme tous les mauvais penchants, si doucement déguisés sous le masque riant de l'innocence enfantine, se font vîte jour dans ces frottements avec les passions déchaînées de l'âge mûr !

Si vous trouvez l'exemple du dévoûment et du courage, déjà vous apercevez l'insolence qui rit de la défaite, l'hypocrisie qui s'apprend à loucher, et la lâcheté qui passe au parti du plus fort.

Car le plus fort ne jouit pas du triomphe, s'il ne détache ses enfants de la cause de l'ennemi. Que de fois, homme ou femme, le plus fort fait battre le plus faible par les enfants !

Et que de fois aussi le plus faible se venge en conspirant ! Et c'est avec les enfants qu'il conspire, leur découvrant le faible de la partie adverse, leur faisant la leçon de la mutinerie dissimulée, les tenant attachés par le mystère d'un complot. Vengeance, ai-je dit ; consolation peut-être.

Par pitié, cessez !

Cessez ! Vous répondez de ces enfants, et vous les abreuvez du fiel de vos colères, vous les empoisonnez de toutes les eaux amères ou fétides de vos passions.

Oh ! ceci est un crime.

Quels fruits, mon Dieu ! porteront ces plantes qui n'auront grandi que sous un ciel orageux, que sur un sol détrempé de cette pluie de vos haines !

C'est la génération nouvelle dans sa fleur. Il la faudrait préserver de tout contact flétrissant, de tout souffle empesté, et vous vous chargez de lui inoculer ce qu'il y a de plus délétère en vous.

C'est le *massacre des innocents*.

Ces enfants ne sont-ils donc qu'à vous ? Non. C'est la moisson de l'avenir et la verdure du présent. C'est un bien qui est à tous, à vous et à la société, mais non pas à vous seuls.

La puissance publique ne vous reconnaît

pas un droit illimité sur le sort de votre famille; car, entre ces enfants et vous y a-t-il
un pacte?

Non.

Le mari et la femme se sont obligés entre
eux, avec une liberté véritable ou supposée
d'examen. La société, prise à témoin d'un en-
gagement qui a toutes les apparences d'un contrat réfléchi et volontaire, doit hésiter à rompre ce pacte.

Mais les enfants! Où donc est le pacte qui
les lie à vous? Ont-ils voulu être? Ils sont ici
et non là; cela a-t-il dépendu d'eux. Leur
naissance est un fait fatal. Vous êtes leurs débiteurs. Ils naissent créanciers de leurs parents,
et ce titre, ils le gardent jusqu'au jour où ils
deviennent à leur tour les débiteurs de leurs
parents qui se sont courageusement acquittés.

Voilà ce qui est.

C'est pourquoi le berceau des enfants est
sous la garde de la société qui est leur provi-

dence visible. Et c'est pourquoi elle intervient entre les enfants et les parents, pour veiller à ce que la dette soit saintement payée, à ce que la reconnaissance des enfants demeure acquise à tous les sacrifices qui excèdent la dette stricte.

Sans doute, à cette heure encore, il est des pères qui réclament l'intégrité de l'autorité paternelle au nom des droits du sang. Le sang est le signe de leurs devoirs, et le sang ne donne ni l'intelligence qui dirige, ni la moralité qui vivifie. Est-ce qu'en devenant père, tout homme doit trouver dans ses entrailles les inspirations les plus lumineuses de l'éducation que sa famille exige ?

Ces prétentions se sont appuyées au mot *nature*. Ce mot, si éloquemment proféré dans le siècle dernier, était la protestation énergique de l'organisation humaine toute entière contre l'ordre social qui l'opprimait; mais ce mot ne saurait pas plus être la consé-

cration des titres absolus du sang que la réhabilitation de la vie sauvage.

L'intervention de la puissance publique, entre les parents et les enfants, est donc de plein
droit dans l'intérêt commun des parties. Qu'elle
soit avertie des sévices de pères dénaturés,
elle apparaît, et les fils sont soustraits à ces
monstrueuses brutalités.

Mais suffit-il que les enfants soient à l'abri
d'un traitement barbare? Si un dissentiment
conjugal les expose, dans leur âme, à de fatales
atteintes, la société se tiendra-t-elle pour satis-
faite qu'ils soient bien portants, bien vêtus? Le
corps est-il tout, l'âme n'est-elle rien? Jamais
société n'a professé cette stupide indifférence
et ce matérialisme abject. Aussi, en dépit des
murailles de la vie privée, elle s'opposerait,
de tout son pouvoir à la funeste exploitation
de l'enfance par la discorde des parents, si
elle avait qualité. Ce n'est pas le droit qui lui
manque, c'est l'autorité morale. Si elle n'agit

pas, c'est que, ne sachant comment agir, elle sent son pouvoir inférieur à son devoir. La société moderne, grande et forte comme elle est, ne pourrait ce que peut quelquefois encore un humble prêtre qui, avec les haillons d'une robe déchirée par tant d'épines, entre, et s'interpose entre des époux irrités, demandant, au nom du ciel, merci pour les enfants qui se pervertissent au milieu de ces guerres intestines. Que le prêtre soit insuffisant pour cette tâche si délicate, n'importe ; il a le courage d'une obligation, une règle toute faite, et il se croit ; il a l'autorité de la parole convaincue. Dans cet ordre de questions, au contraire, la société est neuve ; hésitante, divisée, elle n'est pas sainte à ses propres yeux.

Qu'on ne s'étonne pas si la législation n'a jamais qu'un caractère répressif ; elle n'est en quelque sorte que l'algèbre de la police. Réprimer et punir, voilà sa mission unique, elle n'oserait entreprendre de prévenir et essayer d'une action moralisante. Ceci est un sacerdoce. Tout sacerdoce suppose une foi. Quelle est la sienne? Chaque fois que les représentants de notre société prennent le ton du moralisateur, ils risquent, en général, de tomber dans la parodie; c'est l'onction d'un acteur dans un personnage de grand-prêtre.

Cependant, que ceux-là qui peuvent quelque chose aux allures de ce monde daignent peser dans la balance le respect de la vie privée et le respect de l'enfance!

Qu'ils songent que le droit de vie et de mort des parents sur leur famille est aboli, et l'éducation tue ou vivifie. Or, quelle est celle d'une famille dont les chefs sont en hostilité flagrante ou couverte? Quel pain mange-t-elle quand un tel levain y fermente?

C'est toujours par l'enfance que les réformes débutent, et inaugurent les améliorations réclamées par le temps.

C'est assurément une grave question que

celle des rapports de l'industrie et de l'état. Voici l'état qui déjà, se faisant bonhomme, entre dans la manufacture, règle la durée du travail des enfants, et y a l'œil. Des petits ne passera-t-on pas un jour aux grands? Ces problêmes économiques, si compliqués, des relations des maîtres et des ouvriers, du salaire, de l'association, sont en voie de solution à la suite de cette charité qui fait son apprentissage de providence sociale au bénéfice des plus jeunes de la vaste famille du peuple.

C'est une autre question complexe que celle du rôle de l'état dans l'éducation publique. Voici la philanthropie, s'emparant des heureuses inspirations de généreux citoyens, qui ouvre à l'enfance des crèches, des salles d'asile, des écoles primaires. Est-ce que l'exercice de cette tutelle n'est pas le prélude d'une application plus complète au système de l'éducation? N'y a-t-il pas là un premier éclaircissement de la controverse de l'université et de l'église, se disputant les générations nouvelles comme les deux mères devant le roi Salomon?

Ainsi, tandis que dans la sphère supérieure du spirituel, on dispute, on argumente, on ergote ; dans la sphère inférieure, on agit, et cette pratique sera peut-être un élément de concorde dans le débat des docteurs. De même, tandis que la haute région industrielle prétend désintéresser l'État, à son profit, de toute application ; dans une région plus modeste, l'État fait un premier pas vers un but lointain. L'avenir met ses premières fleurs , chétives, mais douces prémices, sur la tête des enfants.

Une société telle que la nôtre, où les sentiments d'humanité ont pénétré, a besoin de faire œuvre de sa sympathie, et commence naturellement par les enfants.

Rude est la tâche des aînés ; la force du moins est avec eux, et la pitié se prend aux plus souffreteux, par cela même les plus chers : les plus jeunes de la famille sont toujours les fils de Rachel.

Et le Christ a dit : *Laissez venir à moi les petits enfants.* N'est-ce pas le symbole de tout principe qui n'attend son triomphe que des générations futures, et ne trouve grâce, devant la virilité dédaigneuse du présent, qu'en se faisant l'ami des enfants et petit comme eux ?

X.

L'adultère.

« C'est affreux, il traîne, comme des boulets après lui, l'exigence des femmes avec lesquelles il a eu des rapports. Comme les hommes sont bizarres cependant! Il m'a toujours sacrifiée, opprimée, blessée, humiliée, maltraitée, abandonnée pour des personnes qu'il n'aimait pas..... Mon Dieu! vous seul savez ce que j'ai souffert de privations de cœur et de tous genres; si je n'ai succombé aux tentations, gloire à vous, Seigneur! vous êtes mon appui, ma force, oh! ne m'abandonnez pas maintenant, car sans vous je succomberais.

(*Impressions de Mme de Praslin*, 13 juillet 1847.)

Adultère! mot mal sonnant à toutes les oreilles, je le sais et cela s'explique.

Si, dans les salons de la finance vous vous

avisiez de prononcer le mot de vol, vous seriez tenu pour un novice mal appris qui applique à une foule d'opérations, tenues pour licites et pratiquées à ciel ouvert, l'indigne argot de la police correctionnelle ou de la cour d'assises.

Prononcez, dans une chambre des députés, le mot de corruption électorale, à l'instant s'élèvent des cris de haro ; vous êtes un paysan du Danube, et quiconque se pique de civilisation repousse avec dédain la caractérisation grossière de ce qui se nomme en beau langage parlementaire : *l'abus des influences.*

Non, le monde n'aime pas qu'on lui désigne un fait, avec lequel il s'est familiarisé, par un un terme du Code pénal. Son exquise délicatesse s'en révolte ; il s'est si bien industrié à subtiliser la chose que le mot primitif lui semble une injustice envers la chose dégrossie et lustrée. C'est le nom de la matière première, maintenu comme étiquette de l'é-

toffe, et ne tenant pas compte de la main-
d'œuvre, de l'apprêt, de la façon. Le Code est
donc malhonnête, le dictionnaire arriéré, le
mot propre n'est plus que le mot sale, puisqu'il dit l'objet brut, et non l'objet raffiné dans
ses éléments, aristocratisé dans sa forme.

Soit! si on l'exige, je consens à substituer
à la crudité du mot *adultère* une périphrase
adoucissante empruntée à la rhétorique de la
tribune, et je dirai : *l'abus des influences.*

L'adultère, en effet, est-il autre chose que
l'abus des influences dans cette vie privée que
l'on mure, et où elles se font jour par toutes
les voies possibles, infiltration, insinuation, ef-
fraction, brèche, sape ou mine, quelquefois,
mon Dieu, à de bien moindres frais ? Dès qu'un
mariage a un côté faible, il se trouve toujours
à l'intérieur une main qui le montre, à l'ex-
térieur un œil qui le découvre. Dès lors, sous
un habit ou sous un autre, en robe noire ou en
gants jaunes, en souliers à boucles ou en bottes

vernies, une influence y pénètre : influence cléricale ou mondaine, mais influence presque toujours à l'état d'abus, quelle que soit la nature de l'abus.

Avant d'aller plus loin, une réflexion. Je me vois forcée de faire remarquer que je ne disserte pas sur une expression sans signification actuelle, et que ceci n'est pas l'investigation d'une espèce fossile.

Si une partie du monde bannit le mot, il en est une autre qui nie la chose. Selon ces observateurs dont l'optimisme voit tout en rose, le scandale conjugal est une chimère. C'est une invention des esprits de travers qui donnent à de simples apparences un mauvais pli, des mauvaises langues qui calomnient plutôt que de ne pas médire; surtout c'est le produit de l'imagination des romanciers et des dramaturges qui, dans leurs hallucinations poétiques, se créent une société pour le besoin des effets de scène. Ces observateurs sagaces et satisfaits ne nient pas que l'adultère ait existé dans les temps antérieurs ; mais l'établissement du gouvernement constitutionnel, le triomphe des institutions démocratiques, les progrès de la science, de la vapeur, de l'industrie, ont la société purifiée et régénérée. L'adultère n'a d'autre réalité que celle d'un souvenir historique. A peine en pourrait-on citer quelques échantillons vivants. C'est un monstre dont la description se trouve dans les bibliothèques et la peinture dans les musées.

Sans nier le mal aussi radicalement, d'autres circonscrivent le terrain. Selon eux, le mal n'est pas épidémique ; il est endémique seulement, c'est-à-dire, que ses ravages ne s'exercent que dans les limites de certaines régions. S'ils avaient à tracer une carte de France du point de vue de ce genre de salubrité, le blanc dominerait sur presque toute la surface du territoire, en signe d'un état sanitaire parfait ; les nuances du blanc au noir indiqueraient la présence des phénomènes morbides dans les grands centres de population ; il va sans dire que la teinte accusatrice, avec toute l'énergie du noir le plus foncé, marquerait Paris.

Ces deux opinions sont les deux formes de l'optismisme. L'une nie le mal, l'autre le localise. La première ferme complétement les yeux, la seconde arrange l'évidence d'après son optique particulière. Je conçois que des esprits honnêtes aient réagi par l'exagération du : *tout est bien*, contre l'exagération du : *tout est mal*. Je pense néanmoins que, chez beaucoup de gens, l'incrédulité au mal est l'aversion du remède. Car il y a l'optimisme naïf et l'optimisme hypocrite. Tartuffe se ferait optimiste aujourd'hui ; il voudrait voir et faire voir les joies et les puretés du ciel sur la terre, afin d'en exploiter à son profit les misères physiques et morales, et de se faire sa béatitude dans l'enfer d'autrui. Soit hypocrisie, soit naïveté, on en est donc venu à innocenter la presque totalité des mariages, et à ne voir l'iniquité que sur quelques points déterminés. Qu'il y ait dans une grande capitale une source d'influences pertubatrices, cela est vrai; mais n'est-il pas vrai aussi que les fanatiques des perfections de tout ordre établi ont toujours chargé Paris des iniquités dont ils absolvent la France dans l'intérêt de leur cause? Paris répond de tout, c'est la faute à Paris. Paris a été le bouc émissaire de toute idée et de tout fait révolutionnaire; Paris, cette grande Babylone que vous savez!

Si je ne me trompe, l'adultère, puisqu'il faut l'appeler par son nom, n'est pas la plaie nécessaire du mariage, Dieu merci. Une telle opinion n'est que la calomnie bouffonne de la société, ou c'est la preuve d'une ignorance de la nature humaine. Cependant il existe, non pas concentré à l'excès, comme on dit; disons un peu disséminé. C'est une maladie du mariage tel qu'il se comporte; mais, je ne saurais trop le répéter, la société n'est pas tout entière un hôpital, parce que certaines maladies ont cours.

La chose étant, pourquoi est-elle ?

Sans avoir partout la même conséquence, les conditions ordinaires de tant de mariages en sont le principe fécond, quoique souvent la moralité des individus la stérilise ; ici moralité sincère, là moralité soutenue par l'alliage des circonstances. La vertu elle-même, il faut bien le dire, la vertu a ses bons hasards

Je ne rappellerai pas les divers types de mariage, dont le monde lui-même a dressé le tableau. Ce qui, en général, les caractérise, c'est l'absence du sentiment moral qui devrait présider à leur formation. S'épouse-t-on pour les trésors de l'âme qui échappent aux stipulations du notaire ? Est-ce parce qu'on se sent attiré à former ensemble une communauté d'idées élevées et de sentiments généreux, qui fructifie par le mariage ? Tout cela est antique. On s'épouse ici, parce qu'on est assez riche pour prendre une femme dont la beauté séduisante n'est vénale qu'en mariage ; là, parce qu'on est assez pauvre pour subir une femme près de laquelle le cœur et les sens s'immolent au goût du confort ou à la passion du capital. Tel, incapable de racheter sa misère au prix d'une vilenie, commet sans scrupule la vilenie sous les deux espèces du mariage. Tel autre, d'une loyauté sans reproche, n'hésite pas à duper, par toutes les simagrées de l'amour, la riche héritière qui lui permet de payer ses créanciers et de faire honneur à ses affaires. Tel, dans sa future moitié, se propose un échelon à son ambition bureaucratique, financière, politique, ou un puissant soutien à ses prétentions ; sa femme est un *X* qu'il a posé, et il se fiance à l'inconnue, telle quelle, que ses calculs ont dégagée. Il serait trop long d'énumérer toutes les combinaisons de l'ambition, de l'amour sensuel et de la cupidité. Ce que tout le monde sait, c'est qu'il y a une foule de mauvaises actions commises avec publication de bans et enregistrement à l'état civil.

C'est à regret que je le dis, mais je veux être impartiale, ce serait une illusion que de voir, dans les demoiselles conduites à la mairie, un troupeau de brebis innocentes et sacrifiées. Presque toujours les hommes savent ce qu'ils font, et ce sont les plus coupables ; les demoiselles ont du moins, pour excuse, leur inexpérience qui les expose à aspirer sans défiance la fumée de l'encens banal des prétendants ; ajoutez les inspirations des parents. Autorités saintes et douces de la famille, ne vous trompez-vous jamais et ne trompez-vous pas quelquefois? Avez-vous toujours la clairvoyante sollicitude qu'exigerait l'intérêt de vos filles, et n'avez-vous pas quelquefois cette habileté qui impose un gendre en parant la marchandise? Presque tous les parents sont placés au point de vue mercantile de l'union conjugale. Notre siècle, par la voix maternelle elle-même, berce les petites filles de ces mots : *un bon mariage*, les petites filles en bercent leurs poupées, et la chose est inévitable. Quelquefois aussi les parents font au courage et à la résignation de leurs filles un appel qui, dans l'intérêt de leur bonheur, n'est que trop souvent entendu. Ainsi les unes se font noblement violence; les autres mettent résolument en pratique ce catéchisme matrimonial qui leur a été enseigné; d'autres souscrivent à l'usage établi, à la condition de poétiser le contrat, ne fut-ce que pour la lune de miel; mais enfin, je le répète, l'argent fait la loi. Je ne dis pas que l'hymen serait d'autant meilleur que les époux seraient d'autant plus pauvres; non, mais plus désintéressés. Quoi? leur serait-il possible de l'être? Les affaires vont mal, la concurrence est effrayante, le prix des offices publics augmente, le bon marché n'est nulle part, pas même au marché! Il faut vivre, partant il faut de l'argent. Donc,

- l'argent règne, et l'acte le plus grave de la vie domestique, puisqu'il contient la destinée de deux individus et de leurs enfants, le mariage trop souvent est une double violation du sens moral !

Et, lorsque l'honneur n'a pas été invité à la noce, vous voulez, la noce terminée, qu'il vienne élire domicile chez vous ?

Le mariage, à son début, n'a été chose sérieuse ni pour l'une ni pour l'autre des deux parties ; voulez-vous qu'il le devienne pendant sa durée ?

Chacune des deux parties a fait l'apport d'un sacrifice ; voulez-vous que le sacrifice ne soit pas suivi du désir de la compensation ?

La perspective de la compensation est même quelquefois, s'il faut le dire, le viatique de l'immolation à laquelle on se décide. Le serment de fidélité est gros d'un parjure conçu à l'avance. D'ailleurs, le mariage révèle l'étendue du sacrifice que l'on se diminuait avant, que l'on s'exagère après.

Et quel serait l'empêchement au mal ?

La sévérité de l'opinion publique ? Le monde est dur au scandale qui casse les vitres, indulgent au scandale gazé. Tout est sauvé par l'habileté de la décence. Il existe, en quelque sorte, une société d'assurance mutuelle entre les vices qui ne s'affichent pas ; tant pis pour les autres.

Sera-ce le respect du repos de l'autre époux ? Tromper est facile aux hommes. Pour les femmes, tromper est un art cultivé d'abord par prudence, puis par goût d'une occupation, si ce n'est même par amour de l'art. Des deux parts, respecter se traduit par endormir.

Dès qu'il y a dans le mariage un *péché originel*, la *chûte* est prochaine.

Est-ce la religion qui sera l'obstacle ?

Où était la religion quand le lien a été formé ?

En fait de garanties morales, s'est-elle montrée plus difficultueuse que la société ? Elle bénit les époux comme elle enterre les morts, sans en rien connaître que les noms. Toute la différence est celle d'un extrait de naissance à un extrait mortuaire. D'ailleurs, en ce siècle de peu de foi, aurait-elle permission de s'en mêler ? On n'entend pas prendre de ses conseils, en voulût-elle donner, et si l'on va quérir la bénédiction ecclésiastique, l'usage veut que l'on fasse une visite de noce à sa paroisse, au sortir de la mairie; on suit l'usage.

La religion, qui laisse passer les mœurs du monde, aura-t-elle ensuite bonne grâce à les censurer ? Elle a béni la mauvaise semaille, il lui faut tolérer la mauvaise récolte.

Reste sans doute l'empire des principes religieux sur les âmes dont l'Église console les afflictions et soutient le courage. Il est d'autres femmes chez lesquelles l'efficacité de ces principes est remplacée par un respect austère de soi-même, ou par l'exaltation de la maternité. Ne faut-il pas que toujours la douleur et la patience fassent alliance sur un autel public ou privé? Mais ne croyez pas que la doctrine de la résignation passive étouffe toujours l'aversion d'un mari, l'emportement d'une passion, le ressentiment des souffrances domestiques, et, moins encore que tout cela, l'ennui qui n'est ni la souffrance, ni la passion, ni l'aversion, mais qui prend le même chemin. « L'ennui nous damne » a dit une femme. Enfin, l'exemple des maris est souvent une excuse acceptée, quand il n'est pas une excuse cherchée. Toutes les femmes ne veulent pas plus être fidèles qu'obéissantes quand même.

C'est bien à tort qu'on s'imagine que les femmes s'accommodent facilement de cette condition passive qui leur est imposée. L'activité de leur âme se tourne contre leur intérieur, pour peu qu'elle soit inoccupée.

Si les unes s'attachent avec plus d'innocence à dominer la volonté de leurs maris, les autres se proposent d'assurer le succès de leurs intrigues. C'est un complot contre l'autorité ou contre l'honneur du maître. Leur esprit, en s'appliquant du matin au soir au même objet, y acquiert d'étonnantes facultés de pénétration, de subtilité, d'astuce. De même que les sauvages, dont l'existence est toute entière dans les sens, perfectionnent la vue, l'ouïe, le flair à un tel point que le corps est en quelque sorte fait esprit; de même, les femmes les plus bornées atteignent, dans un cercle étroit, à un miraculeux degré de ruse.

La ruse alors ne se sent plus de l'école, elle est naïve, spontanée, simple comme le style des grands écrivains consommés dans leur art. Que de fois des hommes supérieurs sont pitoyablement pris à ces toiles ourdies par la résignation qui s'use à tromper au lieu de se

consacrer à obéir ! Triste métier que la tromperie, triste et dégradant pour le fripon, pour
la dupe !

Tel est au vrai l'état des choses, car, à moins
d'exceptions fières, les femmes ne font pas de
sédition ; au lieu de se transporter sur le Mont-
Aventin, elles introduisent les Gaulois dans le
Capitole.

Cependant, je l'ai déjà dit, un assez grand
nombre d'hommes considèrent l'histoire de
ces abus des influences, comme un pur jeu d'imagination. Tout en confessant l'infidélité des
maris, ils cautionnent la fidélité des femmes,
par principe de sécurité publique ; ils pensent
que les alarmistes font naître les émeutes.
Pour eux, Don-Juan et Lovelace n'existent
plus qu'à l'état de pygmées, fanfarons et décriés.
Les voilà tranquilles. Le mariage est à l'abri
de toute offense. Comme cette illusion, profondément délibérée, est le machiavélisme des
traditions immobilisées, je suis bien obligée de

dire en quoi cette raison me semble peu concluante.

Oui, sans doute, Don-Juan n'existe plus dans la monstrueuse grandeur de son personnage. Il n'a même jamais existé avec de telles proportions que dans la fantaisie des poètes et du monde. Ce fut, vers la fin du moyen-âge, le symbole de la rébellion des inclinations sensuelles de l'homme contre l'ascétisme mortificateur de l'Église et la rigidité des mœurs. La poésie se plut à le parer de toutes les puissances de la séduction, en même temps qu'elle le chargea de toutes les scélératesses auxquelles conduit la passion sans frein et sans règle. Mais si je ne me trompe, il est survenu dans les croyances et les mœurs un tel relâchement qu'en effet, la figure de Don-Juan ne saurait être de notre époque. La société en prend plus à l'aise avec l'église et avec elle-même. Ses penchants terrestres ne se refusent pas toute complaisance, le plaisir n'est pas réprouvé, les amours vifs et changeants ne lui semblent plus dignes d'anathème. La morale de Don-Juan, qui fit irruption sous des formes gigantesques, s'est distribuée dans une foule de consciences avec plus de modestie. Le type déclassé du moyen-âge s'est casé, en s'amoindrissant, dans les rangs moins austères de ce monde. Les bottes de sept lieues de l'ogre chaussent toute une nation de petits poucets. Don-Juan n'est nulle part, parce qu'il est un peu partout. Un autre exemple de ces grandes créations poétiques et populaires de la fin du moyen-âge complétera ma pensée. Si Don-Juan fut la personnification de la révolte du corps contre la gêne de la loi spirituelle, Faust fut la personnification de la révolte de l'esprit contre la tyrannie de la même loi. Où est aujourd'hui le docteur Faust avec son Méphistophélès? Nulle part et partout. La révolte de l'esprit a passé dans les intelligences aussi bien que l'indiscipline de la matière dans les mœurs. Toutes

deux vivent avec les principes de l'orthodoxie
et de la morale dans un état de guerre bénigne;
paix armée. Qu'on voie donc comment la société s'est purgée de ces deux monstres, Don-
Juan et Faust, de ces deux moitiés de Satan
qui donna à l'un son pied fourchu, à l'autre
ses cornes. N'est-ce pas en se pénétrant de
leur esprit licencieux, tempéré par la modération même de la jouissance? Ce sont deux ré-
volutionnaires dont la postérité renie l'excen-
tricité, et accepte la doctrine à travers une
charte.

Laissons de pieux mensonges. Il faut bien
oser reconnaître le mal, à moins qu'on ne prétendre l'éterniser, au nom de la morale. Morale étrange qui, sous prétexte de ne pas trou-
bler l'ordre social, en plâtre tous les vices, qui
laisserait brûler la maison plutôt que de crier
au feu !

Ce que j'ai nommé *l'abus des influences* est
un fait assez commun pour que le monde, dont

la tolérance relâchée est si fine, en soit venu
à distinguer le *bien* et le *mal* dans l'*abus*. L'a-
bus devrait être impitoyablement réprouvé;
on lui découvre un côté pardonnable. Au lieu
d'envelopper toutes ces influences abusantes
dans un anathême universel, on les trie; cel-
les-ci mauvaises, celles-là bonnes. Telle relation illicite est honnie, non parce qu'elle est
illicite, mais parce qu'elle introduit dans une
famille telle influence qui nuit, déconsidère,
trouble. Telle autre relation, également illicite, est indulgemment tolérée parce que, mariage à part, il ne résulte de l'influence aucune
lésion des intérêts, de la paix et de la considération de la famille. Quelquefois même c'est
tout gain. Le monde, dans l'appréciation de
ces faits, n'est pas avare de circonstances atté-
nuantes. Et pourquoi? Parce que, témoin de
tant d'unions mal assorties, il n'a pas la vertu
de les obliger aux devoirs de l'union sérieusement formée. Il se met de connivence avec ce

procédé de correctifs frauduleux et de hazar-
deuses compensations ; le voilà casuiste. Devant la loi morale, tous ces faits sont dignes de
l'enfer ; lui discerne, examine, épluche, et il
lui arrive de conclure au purgatoire.

Faut-il une dernière preuve de l'émousse-
ment de la conscience publique ? Aujourd'hui
l'honneur de l'homme n'est plus à la merci de
l'infidélité de la femme. Toute mésaventure
maritale ne devient pas nécessairement la proie
du ridicule ; il prend l'une, il laisse l'autre.
Sans doute, le ridicule, qui s'attacha à l'honneur marital ainsi qu'à la chevalerie, tombait
moins sur le mari trompé que sur le mari qui
se croyait plus fin ou plus fort que la tromperie. N'importe ; cela se montrait au doigt ; aujourd'hui, ce n'est plus une singularité. Est-ce
à dire que la multiplicité croissante de ces ac-
cidents en a changé le caractère, en les éle-
vant de l'état exceptionnel à l'état régulier ? A
Dieu ne plaise ! Seulement le monde ne rit pas

de ce qu'il s'explique. Il rapporte les effets à leurs causes, le fruit à l'arbre, et comme il est le premier à apprécier le vice de la constitution du mariage, il voit les résultats sans surprise. Les dénoûments prévus n'ont rien de piquant. Ce qui excite encore sa risée, ce n'est pas le fait en soi, qu'il lui arrive d'envisager avec gravité ; ce sont quelquefois les circonstances accessoires.

Ainsi, qu'il juge ou qu'il rie, dans cet ordre de faits qui, en vertu de la loi morale et de la loi civile, est complétement dévolu à une rigoureuse pénalité, le monde professe une sorte d'éclectisme.

Les choses étant ainsi, nier l'évidence est impossible. Faut-il laisser faire, laisser passer, sans s'en inquiéter?

La source du mal est connue. L'invasion des influences extérieures est provoquée par la condition du mariage dans une foule de cas.

Ces troubles de la vie privée seront-ils utilement conjurés par l'intervention d'une puissance morale? La puissance, à laquelle ce nom est acquis, manque du crédit indispensable à l'exercice de ce grand ministère. Pour peu que sa robe approche du sanctuaire domestique, elle épouvante; on crie à l'usurpation, à la captation, à l'intrigue.

La médiation des parents est-elle suffisante? Ce sacerdoce de la famille a les mains liées par une foule de considérations personnelles, sauf les cas déterminés par la loi. Le courage de sa mission lui manquerait presque toujours.

Quant aux deux parties intéressées, il est rare de pouvoir compter sur leurs efforts de réconciliation, sans un arbitre; faites juger un procès par les plaideurs, le procès en engendrera mille. C'est l'histoire de bien des époux.

Quel remède reste-t-il aux perturbations du mariage? Le *divorce*.

XI.

Réconciliation.

« Je croyais que tous nos intérêts,
nos pensées, notre vie, seraient mis
en commun. Il me semblait que le
temps devait nous lier plus l'un à
l'autre. Tant de souvenirs, tant de
liens chéris, tant d'enfants! Il me
semblait que nous n'étions qu'un,
que nous devions vivre et penser à
deux. Loin, comme tant de femmes,
de redouter la vieillesse, je jouissais
d'avance du bonheur que nous aurions à nous être aimés depuis si
longtemps, à causer ensemble de
nos vieux souvenirs, à revivre dans
nos enfants, à quitter pour un meilleur monde celui-ci. »

(*Lettre de Mme de Praslin*,
du 30 mai 1842.)

Avant d'en venir à ce mot de divorce, je
voudrais m'arrêter à de dernières espérances
de paix.

Tant qu'un lien n'est pas rompu, l'espérance d'un renouement aide quelquefois à en supporter les tiraillements ; c'est une souffrance où se sent la vie; mais, après le lien brisé, quelle tristesse morne, quel vide affreux ! La maison s'écroule, il n'y a plus qu'une ruine.

Devant cette perspective désolée, il se fait quelquefois que les époux eux-mêmes hésitent; ils se reprennent à cette existence qui leur est lourde ou poignante, ils s'arment d'une nouvelle force, s'amnistient de leurs torts réciproques, et il n'est pas impossible que leur courage leur porte bonheur.

Je ne parle pas de ces mariages du grand monde où les époux, unis par un intérêt commun, n'ont entre eux d'autres relations que celles d'un même domicile, d'un même salon, d'une même table, et se concèdent mutuellement une liberté décente. Ceci est le mariage de convenances dans sa forme la plus diplomatisée, à moins que ce ne soit un mariage d'argent avec les égards que les puissances financières observent entre elles. Là, il peut y avoir des conférences, un protocole ouvert autour d'un tapis, et jamais un déchirement de cœur, le cœur étant précisément le bien que chaque partie s'est réservé en propre.

Je veux parler des unions où l'intimité, réelle d'abord, est devenue douloureuse par l'infidélité de l'un ou de l'autre des époux.

Il y a longtemps que les femmes ont donné l'exemple du pardon des injures. Lorsque leur indulgence n'est pas le dernier mot d'une âme qui se glace, lorsqu'elle n'est pas le solde indirect de la clémence qui leur serait nécessaire à elles-mêmes, cet effort est la mesure sincère de leur amour, et c'est une noble et sainte chose qui leur mérite à la fois les respects du monde, de leurs maris, de leurs enfants.

Chez les maris, l'exemple de cette magnanimité est moins ordinaire. L'homme établit entre son infidélité et celle de sa moitié la différence du péché véniel au péché mortel. L'homme, d'ailleurs, ne lit dans les vieilles traditions de l'honneur marital que des arrêts d'inflexibilité. Cet honneur tuait ou cloîtrait sans pitié. Cependant il arrive à des maris de pardonner ce qu'Othello punissait de la mort, sans que leur dignité en soit compromise. Cette imitation du Christ, couvrant la femme adultère de son indulgence, est assurément ce qui coûte le plus à l'orgueil de l'homme, à son amour peut-être. Ce n'est rien que de pardonner à ce qu'on hait, mais pardonner à ce qu'on aime! Si une femme, près du berceau de son fils expirant, entendant un prêtre qui lui disait : « Résignez-vous, Dieu lui-même a consenti à l'immolation de son fils, » répondit : « *Il n'était pas sa mère!* » l'homme peut dire aussi du Christ doux à la femme adultère : « Il n'était pas son mari !

Pourtant le fait est moins rare qu'on ne pense ; c'est le signe le plus certain de la décadence de l'orgueil chez l'homme; certaines décadences sont des progrès.

Quelquefois ce sentiment de mansuétude est inspiré par les tendresses de la famille. C'est la génération nouvelle qui intervient entre l'offenseur et l'offensé, c'est elle qui les aide à se comprendre, à s'excuser, c'est elle qui les réconcilie.

Enfants, vous êtes les anges gardiens de vos parents; heureux quand ils écoutent votre voix!

XII.

Divorce.

» Moi, je n'ai aimé que lui, et avec une passion inouïe, une ardeur qui m'étonne, et maintenant je ne sais, mais peut-être au fond de son cœur me préfère-t-il à ces femmes qu'il méprise et qu'il craint; *et moi, moi, je suis bien desenchantée de lui.* Il sera toujours mal pour moi maintenant : il sent trop bien l'étendue de ses torts ; il est rancuneux, et ne saurait comprendre que je puisse pardonner et oublier..... Notre position est bien bizarre et bien triste. Pendant qu'il a couru les plaisirs, moi j'en ai été complètement sevrée ; il a eu des jouissances et pas d'amour; mon amour s'est éteint dans les larmes, et je n'ai... Enfin, ce qui est usé chez l'un s'est peut-être conservé chez l'autre, et réciproquement... Comment tout cela finira-t-il? *Je ne crois pas que ce soit jamais par une complète réconciliation,* comme ce serait désirable pour nos enfants.

(*Impressions de Mme de Praslin,* du 23 juillet 1847.)

La vertu des époux ne suffit pas toujours à opérer une réconciliation, et comme il n'y a entre eux ni arbitre ni médiateurs, la réconciliation est impossible.

Impossible !

Ce n'est pas moi qui le dis, c'est la duchesse.

Un mois avant la nuit de l'assassinat, interrogeant dans la solitude ses craintes et ses espérances, la duchesse désespérait de ce prix de tant d'efforts, et pourtant elle avait concentré toute son âme dans l'affection de son mari. Elle était plus épouse que mère. Son affection avait pour appui un haut respect d'elle-même. À ses yeux, cette pérennité inaltérable de son premier sentiment était une gloire. Ce sentiment était stimulé par le désir de reconquérir un cœur que des rivales lui avaient enlevé, et de reconquérir avec ce cœur ses enfants qu'elle devait perdre ou retrouver en même temps. Enfin, à sa tendresse la religion avait ajouté l'exaltation d'un devoir envers elle, d'un devoir envers l'époux dont elle voulait être la compagne au ciel comme ici bas. Jamais tendresse ne fut plus profondément enracinée dans la vie d'une femme, et ne versa plus de sève en rameaux toujours brisés et toujours repoussant avec de nouveaux jets. La résignation de la chrétienne, cette tenace et indélassable résignation qui use le pavé de ses genoux, était entrée dans sa passion. C'était, à la fois, la passion ardente de l'épouse qui tend la main à la coupe dont elle a soif et la patience de la sainte qui, pour son salut éternel, marche intrépidement à travers les tortures. Jamais tant de persévérance ne fut appliquée à une poursuite plus laborieuse; à chaque pas le but a reculé jusqu'à ce que entre elle et le but se creusât un abîme où elle tomba, poussée de la main de son mari!

Si la réconciliation est impossible, faut-il que le mariage soit indissoluble? N'est-il donc pas des cas désespérés auxquels il n'y a de remède que le divorce?

Sans doute la loi actuelle autorise la séparation qui dissout l'union en souffrance; mais, suspensive des mauvais effets d'une première société, la séparation ne permet pas la formation d'une société nouvelle.

Est-ce suffisant? Oui, disent les austères conservateurs de la pureté des mœurs publiques. Non, répondent les faits qui ne peuvent être niés que par un aveuglement prémédité.

Non, dis-je aussi, ou plutôt ce n'est pas moi qui le dis, c'est la duchesse.

Voyez ce qui se passe dans un intérieur où l'harmonie est irrévocablement détruite. Comme les deux époux ne gagneraient pas à une séparation la faculté de se remarier, on recule devant un scandale judiciaire inutile; on continue les apparences du mariage, et l'on se procure une partie des agréments d'une seconde union, quelquefois sous le même toit que la première. Le mariage est maintenu, la morale publique n'a point à s'affliger de la rupture d'une union consacrée; mais sur le tronc matrimonial l'un des deux époux greffe clandestinement le divorce. C'est cette tige qu'il cultive, et les branches du tronc religieusement conservé, impitoyablement condamné, demeurent stériles ou sont sacrifiées à la prospérité des branches aimées. Le divorce prend toute la sève, le mariage n'est plus qu'un parasite. Au divorce toutes les joies et tous les honneurs de l'intimité; au mariage toutes les douleurs de la solitude. Le divorce a l'allure aisée et chatoyante du bonheur; insolence voilée de favorite, regards assurés de vainqueur, grands airs de souveraineté affable, paroles dorées, tombant avec grâce. Le mariage n'a d'autre lot que l'humiliation et les pleurs. Le divorce est le maire du palais, le mariage est un roi asservi sur le trône. Il y a un état dans l'état, l'un des deux opprime nécessairement l'autre, l'usurpation étouffe le droit. C'est le divorce qui commande, le mariage obéit, et, s'il manque de résignation, on le traite comme un esclave en révolte ou comme un étranger qui ne sait pas se conformer aux obligations de l'hospitalité. Qu'est-il devenu, en effet, dans cette maison où le divorce règne en maître? Un intrus, un étranger, un ennemi, que le divorce lui-même tient captif à ses côtés, pour servir de paravent à ses plaisirs et de manteau à son triomphe. Grâce à la perpétuité du mariage, un divorce extra-légal jouit impunément d'un scandale inviolable.

Ainsi vous proscrivez le divorce et vous ne pouvez l'empêcher de s'établir. C'est au respect du mariage que vous l'immolez, et c'est lui qui s'immole le mariage dont il fait son jouet et sa victime!

Patience, dit-on; un jour la concorde renaîtra entre les époux habitant sous le même toit ou simplement séparés. Le divorce rendrait tout retour impossible. Il convient de repousser ce qui favoriserait une seconde union, par égard pour la première dont la restauration semble plus conforme aux bonnes mœurs.

Si cette restauration est le fait le moins ordinaire, faut-il donc baser la règle sur l'exception ?

Or, il y a des troubles passagers qui se terminent par un raccommodement ; il en est d'autres qui, pris à temps, avorteraient, et permettraient le rétablissement de la bonne intelligence ; il y a des désunions irréconciliables. C'est qu'il ne s'agit plus seulement d'un amour éteint à rallumer ; il s'agirait presque toujours d'un nouvel amour à éteindre, de nouvelles habitudes à rompre. Le cœur humain a plus d'attache aux liens récents qu'aux liens vieillis. D'ailleurs, certaines aversions une fois prononcées ne se ramènent plus. Toute sollicitation ne tend qu'à les éloigner ; le fossé devient un abîme qu'on ne repasse point. Ce que l'on concède à la superstition du premier mariage

n'en refait pas une religion. L'autel est renversé, il ne se relèvera plus ; dût l'épouse délaissée y consacrer dix années de vœux, de lamentations et de prières ; vaines évocations !
La prêtresse fidèle mourra, près de l'autel désert, solitaire ou sacrifiée.

Voulez-vous donc le martyre de l'un des
deux époux, souvent du plus aimant et du plus
faible ? Voulez-vous le tourment de l'autre
époux dont quelquefois tout le crime d'abord
sera de n'aimer plus ?

Malgré son amour, ou plutôt à cause de cet
amour qui éclairait sa nuit de traits de lumière,
la duchesse, bien avant le dénouement du
drame, avait senti qu'elle avait perdu toute
grâce devant son mari. *Tu me détestes*, lui
écrivait-elle, et c'est par les mots de *profonde
aversion* et d'*insurmontable antipathie* qu'elle
caractérise le sentiment du duc pour elle. C'est
presqu'au début de leur déplorable histoire que
son cœur lui révèle si bien le cœur qu'elle

poursuivit dix années. Quel est alors le dessein auquel elle s'arrête ? Le suicide. Plus une âme est dévouée, plus elle est prompte à se punir de son impuissance à donner le bonheur, à se supprimer comme l'obstacle à la félicité de l'être qui cherche ailleurs ce qu'elle ne sait plus lui donner. Le vase, dont les lèvres aimées se détournent, ne se peut souffrir qu'il ne soit brisé. Cette résolution, la duchesse l'aurait exécutée si elle n'avait été retenue par sa piété. Mais, se le dissimuler lui était impossible, elle n'était plus qu'une fatalité dans l'existence de son mari. *Au lieu de contribuer à son bonheur,* se disait-elle, *je l'ai détruit,* et cela même était un supplice pour elle. Enfin elle était si bien convaincue de l'inutilité de ses efforts pour le ramener, qu'elle forma le projet de demander une séparation. Je le répète, la duchesse elle-même ne s'était pas abusée sur cette invincible froideur, et la constance de ses combats ne s'explique que par le manège du mari, à qui il fallait le décorum du mariage pour garantie de la plénitude de son indépendance.

Je ne sais si le duc aurait mis à profit la faculté du divorce ; ce que je sais, c'est qu'il organisa un divorce dans la maison conjugale, en s'appliquant à y retenir sa femme par le perfide ménagement d'une espérance qu'il tuait et ressucitait sans cesse.

A peine le duc prend-il possession de son magnifique château de Praslin, son premier mot à la duchesse est qu'elle n'ait pas à *s'y croire chez elle*. Déjà son éloignement s'était manifesté par le rejet des consolations de sa femme à la mort de son père. Déjà il l'avait obligée à *brûler les lettres* qu'il lui avait écrites autrefois, témoignages d'un amour qu'il n'éprouvait plus et ne voulait pas recommencer. Puis, il se fait céder la direction exclusive de l'éducation des enfants, qui aurait pu être une occasion de rapprochements fréquents entre eux. Maître de sa jeune famille, il se fait une

existence à part avec les enfants et les gouvernantes. La duchesse est isolée. Pour compléter
l'isolement, *il refuse de lire les lettres*, dans
lesquelles elle se plaint, réclame, supplie ; il
ne veut avec elle ni *entretien sérieux ni explication*. Le difficile était de faire prendre patience à l'infortunée, ainsi sequestrée de toutes
les joies de l'intérieur, plus cloîtrée dans ses
splendides appartements que la religieuse dans
sa cellule. Il fallait à tout prix la retenir; c'était
la pierre sur laquelle était bâti le plan du duc,
et cette pierre vivante, il fallait la sceller.
D'abord il lui laisse espérer que tout cela n'est
qu'une épreuve, qu'une expiation de cette humeur violente et jalouse dont elle n'était pas
maîtresse. Qu'elle fasse un ciel serein et pur,
le soleil daignera se remontrer. Mais il a l'art
de provoquer de nouveaux orages, le soleil ne
revient jamais. Entretenue dans ces illusions,
tour à tour la duchesse se réprime et éclate ;
elle se torture à se dompter, et elle passe de

l'humble contrition de ses éclats à un *état d'exaspération qu'elle ne peut contenir*. Elle est donc toujours coupable, le duc ne peut jamais laisser tomber ce pardon qui descend jusqu'à la réparation et qui remonte plus haut à chaque faute. C'est envain qu'elle lui dit avec naïveté : *Je suis aigre et méchante par les mêmes motifs qui te faisaient rire et chanter quand tu me voyais pleurer.* Il s'est bien juré d'être inexorable. Cependant de loin en loin il lui fait des *promesses de changer leur manière de vivre*; il lui fait entrevoir une *ère nouvelle;* il va *jusqu'à lui faire des avances;* mais l'ordre établi est invariablement conservé. D'ailleurs il ne lui est pas donné de se posséder vis-à-vis d'une femme dont l'amour l'obsède, dont les transports l'irritent, et il lui jette sa haîne tantôt en outrages brûlants, tantôt en colère réfléchies. Tout se promet, tout se retire... Supplice de damné! la pierre retombe sans cesse. Sans cesse la branche recule en la frappant au visage. C'est ainsi qu'il parvient à faire durer la position qu'il s'était faite, en utilisant l'amour et la crédulité de cette noble femme au profit de son égoïsme avec une égale persévérance de félonie et de cruauté. Ce fut un long empoisonnement par la douleur. Si une secousse inattendue de la duchesse n'avait pas renversé ce divorce intérieur fondé sur sa résignation passive, sans doute elle vivrait encore!

Le duc disait qu'il *n'admettait pas qu'une femme eût des droits;* la théorie était digne de cet homme, la pratique fut digne de la théorie.

Et pourtant, par justice, il faut faire la part de tout ce que le contact irritant d'une femme qu'il n'aimait plus ajouta d'énergie à de bas et sauvages instincts enveloppés du manteau ducal. Mort pour l'amour, ce cœur ne pouvait revivre que pour la haine. Dans ce frottement prolongé de deux âmes malades, de deux plaies vivantes, la haine comme l'amour atteignit au plus haut dégré du paroxisme. Séparez, n'enfermez pas des antipathies irrévocables dans un cercle indissoluble, ou tout sera brisé.

Doucereux partisans de la possibilité éternelle des réconciliations, ce n'est pas l'affection que vous ravivez sous des nœuds devenus pesants, ces liens fussent-ils relâchés ; c'est ce qu'il y a de plus terrible dans le fiel qui éclatera sous une compression tyrannique. Allez donc, et tenez les portes du bercail soigneusement closes sur ces deux époux, au nom de la concorde, et vous forcerez je ne sais quel monstre à sortir du cœur humain comme d'un antre paré de fleurs à l'entrée, étrangement peuplé dans ses profondeurs.

Si de lugubres péripéties ne terminent pas toujours les discordes domestiques, l'union n'en est pas moins dissoute par la formation de liens nouveaux qui annullent les premiers à jamais, lorsqu'ils ne les détruisent pas avec une implacable perfidie.

Qu'on y pense. On ne veut pas du divorce rendant aux deux époux la liberté d'un second mariage ; au lieu du divorce sanctionné par la loi, on a le divorce illégal.

Cette espèce de divorce s'appelle l'adultère.

Qu'aimez-vous mieux ? Le divorce ou l'adultère ?

Répondez.

Si l'époux lésé prend sa revanche et cherche une consolation, applaudirez-vous à la justice qu'il se sera faite ? Point de divorce, un double adultère ; est-ce ainsi que l'institution du mariage est sauvée ?

Répondez.

Et si l'époux trahi reste fidèle au pacte conjugal, n'aurez-vous pas pitié de ses misères ?

Répondez.

Que répondre sinon qu'il vaut mieux qu'un innocent périsse, et que le mariage préserve aux yeux de tous son caractère de permanence indélébile ?

Donc, l'institution prend pour victime celui des époux qui en observe les devoirs ; vis-à-vis de celui qui observe la lettre de la loi et en viole l'esprit, elle reste désarmée ; et l'institution serait affermie par l'immolation du meilleur, par l'impunité du pire ? Est-il une société, grande ou petite, qui ait mis l'iniquité au rang de ses moyens de conservation et fait son palladium de l'injustice ?

Conservateurs fanatiques de l'indissolubilité, avez-vous donc eu le soin de veiller à une association d'éléments compatibles ? Ne rien pouvoir pour la formation d'un mariage régulier et proclamer la règle inflexible, avouez que ce serait une cruelle inconséquence si ce n'était une démence ridicule !

Austères soutiens de la morale, pensez-vous donc que le mariage soit plus honoré, si vous parvenez à étouffer dans son enceinte la discorde des époux ? Quand vous leur interdirez toute consolation légitime de la rupture de leurs premiers nœuds, vous est-il possible de leur interdire la formation de liens nouveaux qui échappent à toute sanction? Qu'y gagne la morale publique? qu'y gagne la sainteté du mariage? vous prétendez nier le scandale, et vous le développez à ce point que le scandale marche côte à côte du mariage, non pas comme l'esclave derrière le char du triomphateur, l'attitude serait trop modeste, mais comme un fier compagnon allant tête levée, prenant ses coudées franches, inséparable de son adversaire!

Est-il donc plus moral de se faire le complice du désordre que d'y remédier?

Est-il plus moral de pactiser avec le désordre qui fait des martyrs et de tremper dans l'iniquité que de prévenir le triomphe de l'oppression?

Pas un pouvoir humain n'aurait qualité pour déclarer un tel état de choses immuable, pas un sentiment humain volonté pour souscrire à un tel arrêt. La loi d'indissolubilité, imposée au mariage, n'a pas un seul appui dans le langage de la terre ; c'est au ciel seulement qu'elle peut emprunter son autorité.

On sait que l'église a constamment repoussé le divorce ; mais ne l'a-t-elle jamais toléré? Le divorce a été écrit dans le code civil sans que la France ait été excommuniée.

Et la loi civile n'est pas faite uniquement pour les catholiques; mais bien aussi pour les autres communions religieuses, pour ceux-là même dont la conscience ne relève ni de l'église ni du temple ni de la synagogue.

L'église ne saurait donc apporter dans cette question une autorité prépondérante et souveraine ; ses ouailles restent libres de refuser le bénéfice d'une loi qui répugne à leurs consciences, elles n'ont pas le droit de la refuser au nom d'opinions qui ne sont pas les leurs, à moins que l'église et l'état ne fassent plus qu'un, ce qui ne peut être. Toutefois l'influence de l'église est grande dans cette question ; c'est pourquoi j'essaierai de répéter ce qu'à ce sujet le monde a dit par tant de voix.

Et d'abord la foi chrétienne, dans la profondeur de son essence, est la religion du détachement de la terre ; l'exaltation la plus sublime de l'immatériel ; le triomphe absolu de l'esprit. Le mariage ne peut donc être devant elle qu'un état imparfait et secondaire ; le premier rang de sa hiérarchie morale appartient au célibat. N'est-ce pas le célibat qui est la discipline de la milice de l'église? Celui-là seulement qui appartient au ciel par ses plus tendres attaches, est digne de la robe du lévite. Dès lors, le mariage a dû recevoir de l'église une discipline qui le rapprochât autant que possible de l'état supérieur auquel elle s'était vouée. De là le caractère ineffaçable d'époux que la bénédiction impose aux conjoints, vienne la mort à les séparer. De là aussi l'absence complète de commisération pour toutes les tribulations du mariage. L'église y voit des épreuves qui contribuent à la purification, et sans doute elle avait le droit de dire aux époux les plus affligés de leur condition ce qu'elle se disait à elle-même dans les tristesses du veuvage éternel qui était sa loi : *Portons notre croix, vous la vôtre, moi la mienne.*

Le prêtre éternellement fidèle au célibat, les époux éternellement fidèles à la loi du mariage ; tel est le noble idéal que l'église entreprend de réaliser ; c'était la rigide application de sa doctrine.

Et, pour soutenir le courage de ses patients, l'église leur montrait le ciel.

La vie, disait-elle, n'est qu'une suite d'épreuves. C'est par la douleur que Dieu nous épure, nous prépare à nous réunir à lui ; et ses bien-aimés sont ceux qu'il jette dans la fournaise ardente. L'affliction est une visite d'en haut ; les misères sont les anges de la grâce divine, sachez accueillir les hôtes qui viennent de sa part. Le fumier sur lequel Job était couvert de plaies lui était un présage de la béatitude éternelle. Et n'est-ce pas en mourant sous la dent des bêtes ou sous la hache des licteurs que les premiers chrétiens conquéraient la Jérusalem céleste? Fils des martyrs, ne dégénérez pas d'eux ! sachez souffrir et combattre; le prix de vos combats est au ciel.

Si le monde, encore chrétien de cœur, prenait vaillamment son parti de tous les maux terrestres en vue d'une récompense céleste, ce langage aurait encore sa vérité. Echo solennel d'une magnifique poésie, ce n'est plus la parole qui répond à la fibre et à la pensée du monde.

D'ailleurs, si l'Eglise avait prescrit au mariage la loi d'une résignation austère, elle avait alors un titre à intervenir dans la discorde des époux. Au lieu de les abandonner au poids de leurs chaînes ou aux souffrances poignantes de leur intérieur, elle s'interposait entre le vice et la vertu, la faiblesse et la force, l'oppression et la tyrannie, et comme elle montrait le ciel aux uns, elle montrait l'enfer aux autres. Elle faisait la police domestique par la terreur de ses anathêmes, devant lesquels tout tremblait jusqu'aux rois.

Si aujourd'hui les rois et les peuples éprouvaient jusque dans la moëlle des os l'épouvante des justices de l'église, si les flammes de l'enfer brillaient mystérieusement aux yeux des profanes, son langage serait efficace. Elle serait encore une médiatrice sous le toit conjugal, tandis que la vie privée lui demeure fermée. Ni la famille ni l'Etat ne lui veulent ouvrir leurs portes; on la relègue dans ses temples et l'on ne veut rendre à Dieu qu'à la condition qu'elle rende à César.

Ainsi, en vertu du caractère immuable de son sacerdoce et de l'essence de son dogme, l'église consacre l'indissolubilité ; rien n'est plus logique.

Mais lui a-t-il été donné de perpétuer dans les âmes les deux sources de la résignation nécessaire aux épreuves conjugales : la foi dans le mérite de la loi, l'espérance dans la récompense de l'affliction ? Non. En conséquence, la résignation à des épreuves sans compensation perd de son énergie. Dès que le ciel n'est pas le prix de la douleur, c'est sur la terre elle-même que la douleur se cherche un allègement ou un terme. Quelle que soit l'adhésion des âmes à ce que l'église enseigne, cela semble insuffisant pour les courber sans murmurer sous le joug de *cette éducation par la douleur* qui est la discipline éminemment chrétienne.

Ce n'est pas moi qui le dis, c'est la duchesse elle-même.

La duchesse croyait ; ce fut une partie de sa force. Elle croyait, dis-je, et pourtant que d'atroces convulsions, que de lamentables cris! La religion ne put arracher l'épine de la plaie ni mettre sur la plaie un baume. Ce n'est pas à souffrir moins, c'est à souffrir plus longtemps que sa foi l'a aidée. Alors même qu'elle converse avec sa conscience, ce sont des gémissements et des pleurs intarissables. Oh! sans doute, elle se fiait à la récompense d'une autre vie; c'était dans ce monde meilleur qu'elle nourrissait l'espoir de retrouver le cœur perdu. Mais la promesse des joies célestes ne pouvait éteindre en elle la soif des joies légitimes de la terre. « *Je n'ai plus d'intérieur,* » dit-elle sous toutes les formes. Et elle ajoute dans les éternelles condoléances de son âme sur elle-même: « *Vivre comme une vieille fille! Vivre et mourir seule! Vraiment je n'en puis plus.* » L'épouse biblique renaît dans l'épouse de l'évangile. Hélas! c'est que l'âme humaine ne sait plus rompre complètement avec ses attaches! Elle pousse au ciel de longs soupirs qui appellent la manne dans le désert; sait-elle encore endurer les misères du désert avec la patience qui n'aspire qu'à la manne céleste? Pour elle, la terre n'est plus une vallée de larmes. Au lieu de prendre vers Dieu un vigoureux essor, elle sent ses aîles défaillantes, et, ne pouvant remonter par cette voie ardue, elle se laisse retomber en invitant Dieu lui-même à descendre dans la vallée, afin d'en dissiper les ombres et d'y faire fleurir le bonheur.

D'ailleurs, ce qui rend les afflictions de l'intérieur tolérables, c'est cette charité, volonlontairement aveugle, qui accepte l'époux sans le juger, et accorde à un instrument de Dieu l'attachement que l'homme a cessé de mériter. De nos jours ce serait miracle.

Ce n'est pas moi qui le dis, c'est encore la duchesse.

La duchesse fut lente à se désabuser, on sait pourquoi. Son mari avait imaginé le manège le plus propre à tenir le plus longtemps possible ses espérances en haleine. Ainsi qu'elle l'a écrit, elle pensait que *tous ces mystères se dérouleraient par lui d'une manière naturelle.* Mais, malgré sa patience extraordinaire, malgré le rôle de subalternité qu'elle acceptait avec une humilité non moins inusitée, elle en vint à juger son mari. C'est que l'épouse la plus chaste et la plus soumise ne peut plus s'absorber dans son mari, au point de s'ignorer elle-même et de ne pas le connaître: Le sentiment de la dignité individuelle s'est développé partout, et la femme se distingue, elle renonce à la confusion. Son amour, dont elle est justement fière, est un trésor trop précieux pour qu'elle consente à le perdre et à l'avilir. Un jour vient enfin où le modèle des épouses dit comme la duchesse : *Tu n'es plus toi, tu n'es plus celui que j'aime,* et dès que ce mot est prononcé, le divorce commence.

Quoi qu'il en soit, l'église, en s'opposant au

divorce, est conséquente avec son principe. Si elle ne l'a pas toujours été, c'est qu'elle a compris qu'elle périssait par la logique et ne pouvait dans plus d'un cas se conserver que par l'inconséquence. L'église est une grande logicienne, mais non moins grande diplomate.

Quant au monde, s'il réprouve le divorce, il est inconséquent avec ses actes et ses opinions.

En résumé :

Le mariage avec le divorce :

Ou :

L'adultère double, c'est-à-dire, le scandale complet. Le mariage est tué, les époux se portent bien.

L'adultère simple, et l'un des époux est sacrifié.

Ce sont les conséquences morales de l'indissolubilité.

Et comme conséquences matérielles :

L'affliction de l'un des époux poussée quelquefois jusqu'au suicide :

Ou :

La vengeance de l'un des époux quelquefois poussée jusqu'à l'assassinat.

Quelquefois la fin tragique des deux époux.

Qu'on choisisse !

Grâce au ciel, les cas désespérés du mariage ne sont pas si multipliés qu'une loi de divorce puisse et doive être autre chose que le règlement de l'exception. Si j'ai osé prononcer ce mot effacé de la loi depuis près de quarante ans, c'est que l'opinion n'a jamais entièrement sanctionné cette rature. Jamais même je n'eusse parlé si les angoisses d'une âme noble et grande, un martyre de dix années, un supplice d'une nuit ne m'avaient émue. J'ai cru que ce sang devait profiter à la moralisation du mariage dont elle a été victime. En touchant à cette forte et sainte tête si cruellement meurtrie, j'ai la conscience d'en avoir respecté l'auréole.

SECONDE PARTIE.

LETTRES DE Mme DE PRASLIN.

NOTICE

Sur la duchesse de Praslin.

J'aurais voulu réunir plus de détails sur la vie de l'infortunée duchesse ; c'eût été le complément de ces lettres où se dévoile la plus mystérieuse et la plus triste partie de son existence. La douleur de l'amitié ne peut encore parler haut à côté d'une tombe si voisine d'une autre tombe. Je n'ai donc pu m'instruire auprès de cette religieuse discrétion.

Je dirai simplement ce que je sais ; d'ailleurs sa vie toute entière n'est-elle pas dans ses lettres ?

Mademoiselle Fanny Sébastiani est née en 1807, à Constantinople, lors de la mission du général Horace Sébastiani, son père, auprès de la Porte-Ottomane.

Sa mère était Antoinette-Françoise-Jeanne de Coigny, sœur de la demoiselle de ce nom qui inspira à André Chenier la touchante élégie de la *Jeune captive*.

Peu de temps après sa naissance, mademoiselle Fanny perdit sa mère, dont le cœur fut transporté à *Olmeta*, en Corse, résidence de la famille Sébastiani.

Élevée par une tante, elle épousa en 1825 le marquis de Praslin, né le 19 juin 1805.

M. le baron Pasquier, aujourd'hui duc et chancelier de la Chambre des pairs, était le premier témoin du marquis de Praslin, lors de la signature du contrat de ce mariage dont il était appelé à juger les résultats.

Le marquis de Praslin était le fils aîné du duc de Praslin, chambellan de l'impératrice et colonel de la garde nationale en 1814; le petit-fils du duc de Praslin, membre des États-Généraux, qui, rallié à la minorité de la noblesse, embrassa avec modération la cause des réformes.

Le marquis de Praslin perdit son père en 1841 et devint le chef de la troisième branche de la maison ducale des Choiseul. Député non réélu en 1839, il fut élevé à la pairie le 6 avril 1847.

Depuis la mort du vieux duc de Praslin, le duc de Praslin habitait le château de Vaux, la plus somptueuse des résidences de Fouquet.

La discorde des époux était de notoriété publique dans le pays. Aussi, lorsque la population réunie à Melun, pour la célébration de la dernière fête patronale de Saint-Ambroise, les vit ensemble et se donnant le bras, la joie fut vive; on croyait à une réconciliation.

C'est que la duchesse s'était fait aimer par les bienfaits d'une charité active; on la surnommait : *Notre-Dame de Praslin.*

Mais l'exercice de sa bienfaisance n'avait pu la distraire de ses douleurs; elle avait souvent le pressentiment d'une fin prochaine. Un jour que le duc l'invitait à descendre dans le caveau funéraire de Vaux, nouvellement réparé, elle refusa. N'y descendrai-je pas bientôt et pour toujours? répondit-elle.

Ce n'était pas sur l'heure de sa mort qu'elle se trompait, mais sur le lieu de la sépulture. C'est à Olmeta, en Corse, que sa dépouille doit rejoindre le cœur de sa mère.

Ce qui survivra de son âme, ce sont ses lettres. Je les ai reproduites sans aucune altération, et, si je ne les ai accompagnées d'aucune note, c'est que le commentaire les précède.

LETTRES

DE

Madame la duchesse de Praslin.

I.

TROUVÉE DANS LE SECRÉTAIRE DU DUC DE PRASLIN.

21 mai 1840.

Ne vous étonnez pas, mon cher Théobald, de ma crainte
de me trouver seule avec vous. Nous sommes séparés
pour toujours, vous l'avez dit; la journée d'hier vivra
dans mon cœur par un bien pénible souvenir. Hier soir,
vous avez pu juger que j'en comprenais tout le sérieux,
puisque, devant les personnes qui sont les motifs de cette
séparation, ma conduite a été telle qu'elle pouvait l'être
si nous eussions été très unis. Oui, je vous le jure, de—

vant le monde vous serez toujours content de moi ; les
efforts que j'ai faits hier bien naturellement après cette
cruelle journée vous en seront les meilleures preuves.
Tant que j'ai conservé l'espoir d'un rapprochement,
d'une réconciliation, (et j'en avais beaucoup dernière-
ment), j'étais continuellement dans l'alternative de joie
et de crainte qui me poussait à des boutades d'emportement et d'aigreur ; maintenant que le sacrifice est con-
sommé, soyez tranquille : devant les enfants, les gens,
la famille, le monde, jamais rien ne pourra vous accuser
d'avoir détruit mon bonheur. Oh ! quand je dis toi, ce
n'est pas toi que mon cœur accuse ; mais me trouver
seule avec vous, mon ami, c'est au-dessus de mes forces :
j'ai besoin de pleurer dans la solitude, de m'y recueillir,
de m'y reposer pour prendre l'énergie nécessaire pour
cacher aux yeux de tous mon malheur ; mes illusions
sont encore trop près, mes habitudes d'épanchement
avec celui que j'aime, trop récentes, pour que je puisse
prendre encore l'habitude d'une réserve froide et affectueuse vis-à-vis de vous, qui seule peut convenir dorénavant à ma position. Maintenant mon cœur déborderait
toujours : il faut que le temps calme les expressions de
la douleur et lui donne la force de l'habitude. Alors,
soyez-sûr, mon ami, au lieu de vous fuir, vous serez encore, comme toujours par le passé, la personne avec laquelle je préférerai de me trouver. Aujourd'hui, mon
amour est encore trop chaud dans mon cœur ; c'est un
deuil que ma vie intérieure désormais ; les sentiments

qu'il me fait éprouver seront toujours les mêmes, mais le temps en adoucira les formes.

Ne m'en voulez donc pas, mon ami, si je vous fuis ; je sens que je le dois, pour ne pas empoisonner votre vie. Devant le monde, devant des tiers, oh ! je serai bien plus à mon aise : il me sera libre et même convenable d'être, vis-à-vis de vous, affectueuse, empressée, causante ; ces moments-là seront mes moments de consolation, de bonheur, de joie bien pure ; oh ! donnez-m'en souvent, mon ami, j'en serai bien reconnaissante, je reprendrai des éclairs de gaîté par les illusions qu'ils me causeront. Certes, après ce qui s'était passé dans la matinée, la société d'hier au soir n'avait rien de pénible pour moi. Eh bien ! vous l'avez vu, je paraissais heureuse, je l'étais presque, je me disais : Si nous étions bien unis. il faudrait faire ceci, dire cela, et je le faisais, et cette illusion me faisait du bien. Seule avec vous, je dois être toujours sur mes gardes en présence de la triste réalité ; nous sommes séparés, et quoiqu'il y ait trois ans que nous vivions comme si nous l'étions, il restait l'espérance : hier l'a tuée.

Pour être vis-à-vis de vous, mon ami, comme je dois l'être dorénavant, il faut travailler à oublier le passé et surtout mes espérances. Le temps et l'habitude de l'isolement peuvent seuls m'apprendre à détacher, dans ma pensée, Théobald de M. de Praslin ; que le premier ne doit vivre que comme un mystère dans mon souvenir ou bien devant le monde, et que, seul avec vous ou dans vos pensées et dans vos habitudes, je ne suis plus qu'avec M. de Praslin.

Ah ! croyez-moi, je voudrais être certaine que vous serez heureux au prix de tout ce que j'ai souffert et de ce que je vais souffrir maintenant sans avenir. Venez sans crainte au Vaudreuil, restez beaucoup chez vous avec vos enfants ; vous ne me trouverez jamais sur votre chemin. Je cherchais depuis longtemps toutes les occasions de faire renaître mes espérances, je les fuirai : il m'en coûte trop pour les perdre. Adieu ! Oh ! que ce mot renferme de douleurs maintenant que je ne prévoyais pas ! Adieu, et cependant tu m'aimais ! Adieu ! là-haut nous nous retrouverons ; ne refuse pas cette dernière prière, le seul rendez-vous que je te donnerai désormais, que cette idée t'occupe quelquefois : je t'aime toujours.

———

II.

(Antérieure au mois de juin 1841).

Oh ! pourquoi mon bien-aimé, te refuser à épancher ton âme dans la mienne ? Tu retranches de notre vie tout le charme de l'affection ! Crois-tu donc, ou plutôt veux-tu t'efforcer à croire que l'indépendance c'est l'isolement ? Tu dis que je suis exigeante, parce que je désire partager toutes tes peines ; tu ne veux pas que je m'aperçoive lorsque tu en as ; mais tu veux donc être pour moi un étranger, et pour cela ne faut-il pas que tu me deviennes complètement indifférent? Que de temps avant d'arriver à cette insouciance pour la personne que l'on aime le plus! Crois-tu donc que ce soit possible, que mon cœur ne serait pas brisé avant d'en arriver là? Tu es affligé toi-même de me voir triste, et tu en sais la cause; tu sais les consolations que tu pourrais me donner, et cependant tu en es peiné! Eh bien! moi, je te vois souffrir, être triste; je sais qu'il y a dans mon cœur des trésors d'amour pour calmer et adoucir en toi tous les chagrins, et tu me re-pousses! Ne suis-je pas la compagne de ta vie? la moitié de toi-même? celle qui doit consoler et partager tous les chagrins comme tes plaisirs? Si tu étais malade, de qui accepterais-tu tous les soins? N'est-ce pas ma main que tu voudrais pour te soigner? Eh bien ! les chagrins sont les maladies de l'âme, de l'esprit; pourquoi me rejeter? Qui peut les adoucir, si ce n'est celle que Dieu a mise près de toi pour te consoler, adoucir tes peines, partager ta vie entière? Ce n'est pas un cœur comme le tien qui ne comprend pas les jouissances, les besoins d'un cœur ami, où tout se confond et s'adoucit ; c'est la violence de mes manières qui t'a inspiré cette répugnance à t'épan-cher dans mon sein. Tu ne dirais jamais à un homme que sa femme ne doit pas être la compagne, la moitié de son cœur comme de son corps. Tu comprends ce bon-heur, tu en sens le besoin, mais tu as peur de mes ma-nières soupçonneuses, dominantes. Crois-moi, Théobald,

quatre mois de douleur et de repentir m'ont bien corrigée ; c'est pour adoucir, consoler, et non visiter, criti-
quer, que je réclame ta confiance. Ah ! je te le jure, je
ne chercherai plus jamais à prendre de l'ascendant sur
toi ; je reconnais trop bien la supériorité de ton caractère, de ta raison ; je ne veux plus que partager ta vie,
pour l'embellir et verser du baume sur toutes tes plaies.
Tu as quitté ma chambre, parce que tu crains que je ne
cherche à prendre de l'ascendant sur toi, mon ami : je te
le jure, au nom de mon amour, du tien, sur tout ce qu'il
y a de plus sacré et de plus cher pour moi, je ne demande
que ton amour, ta confiance, comme tu as la mienne ; je
me laisserai conduire en tout par toi ; je ne te tourmenterai plus de jalousie ; je ne m'arrogerai jamais le droit de
reproche ni de conseil. Je me repens trop, je souffre trop
de mes fautes pour y retomber. Nous sommes bien jeunes,
Théobald ! ne nous condamne pas à l'isolement tous
deux. Quoi ! nous nous aimons, nous sommes purs tous
deux, et nous vivrions séparés l'un de l'autre de cœur et
d'esprit ! Oh ! ne laisse pas opprimer ton cœur par un peu
d'amour-propre ; je te jure que je n'aspire qu'à ta tendresse, ton intimité et ta confiance ; je serai la moitié aimante, mais passive de ta vie.

Mon ami, la confiance est le mariage des âmes, les
épanchements en sont les caresses, et l'union, le bonheur
et la vertu en sont les fruits. Va, crois-moi, jamais je
n'abuserai de ta bonté, de ta tendresse ; tes épanchements
seront reçus dans mon cœur avec la même tendresse et

le même mystère que tes caresses. Reprends ta Fanny,
essaie-la encore quelque temps avec affection, confiance;.
tu verras que tu seras plus heureux que tu ne peux l'être
dans l'isolement. Tu cherches des distractions, mais es-
tu réellement heureux? Oh non! mon ami, on ne l'est
pas avec un cœur comme le tien et la vie que nous menons. Ta femme, elle n'a pas d'autre bonheur, d'autre
affection, d'autre famille, d'autre appui que toi. Oh! ne
sois pas sourd à ses prières, à ses serments, à son repentir, car elle t'aime, et sa vie ne sera plus qu'amour et
reconnaissance pour toi. Tu la repousses comme une
coupable, elle n'ose pas se présenter à tes yeux, t'ouvrir
son cœur, te couvrir de caresses, t'adresser ses prières.
Tu l'as chassée de ton lit et de ton cœur, ferais-tu davantage si elle n'était pas fidèle? elle pleure jour et nuit;
elle attend à ta porte et n'ose entrer, car demain tu le
lui reprocherais peut-être. Mon ami, au nom de tant de
souvenirs qui te sont chers, que tu m'as si souvent dit
d'invoquer, dans le cas où tu m'en voudrais sérieusement, oh! ne me repousse plus, rends-moi ta confiance,
ton amour; consens à recevoir les soins, les consolations
de cette femme qui ne vit que pour t'aimer. Oh! je n'en
abuserai jamais. Mon bien-aimé, de quoi m'en veux-tu,
si ce n'est de mes soupçons et de mes emportements! Y en
a-t-il jamais eu qu'une caresse n'ait fait cesser à l'instant? Ne cède pas à ton irritation, au ressentiment; ne
sois pas inflexible. Mon cœur se brise, Théobald; pitié!
pitié pour celle qui t'aime! Fie-toi à moi pour ton bon-

heur, comme je m'en fie à toi pour le mien. Oh! ne refuse pas, je t'en conjure; tu verras que je ne serai jamais ni exigeante, ni impérieuse, ni soupçonneuse, si tu es confiant, si tu me rends cette douce intimité. Je veux tes chagrins, ton cœur; je te promets le bonheur. Mon bien-aimé, mon ami! oh! crois-moi. Si tu savais avec quel bonheur j'ai entendu ton père, ce soir, te donner des éloges, s'étonner de tout ce que tu peux quand tu le veux! Oh! j'étais heureuse et fière; mais moi, je ne m'en étonnais pas, car il y a longtemps que je sais tout ce que tu vaux. Ta femme est trop fière, trop heureuse de tes succès, elle t'aime trop, mon ami, pour ne pas mériter de partager tes chagrins, toutes tes préoccupations. Théobald! je ne vis que par toi, en toi; oh! fais que je vive pour toi. Plus mes offenses ont été grandes, plus il est digne d'un cœur comme le tien de les pardonner. Oui, mon amour, mon dévoûment, mon repentir sont dignes de ton pardon. Oh! ne brise pas ce cœur qui ne respire que pour toi. Ami, ami, toi qui m'as tant aimée, pardonne; sois sûr que tu ne te repentiras pas de ta confiance, de ta bonté. Crois-tu donc que lorsque tu me confieras tes peines, la tête appuyée sur mon cœur, tes mains dans les miennes, mes lèvres sur ton front, tu ne les sentiras pas moins amères que dans la solitude? lorsque j'adoucirai tes ennuis par des paroles d'amour et d'intérêt, crois-tu donc que tu ne seras pas plus heureux que maintenant? Oh! ne sacrifie pas ton bonheur et le mien à une vaine crainte que mon caractère abusera de

ta bonté; non, je ne ferai que partager et adoucir dorénavant toutes tes sensations; seras-tu moins homme si
tu as une amie qui te console, qui partage avec toi les
ennuis et les plaisirs de la vie, sans d'autre vœu que celui de ton affection? Tes moindres désirs seront des vo-
lontés pour moi; tu seras la volonté, le guide et la raison de notre union, et j'en serai la douceur, la consolation et la tendresse.

Cette union de nos cœurs sera un doux mystère de l'a-
mour entre nous. Oh! nous serions si heureux si tu voulais essayer; tu verrais quelle douce gaîté remplacerait
le chagrin qui me dévore. Tu serais toujours sûr de retrouver chez toi un visage serein et un cœur joyeux de
te revoir et d'être dépositaire de tes impressions, et,
quand tu voudrais m'emmener, une compagne heureuse
de te suivre partout. M'as-tu jamais vue, en aucun temps,
préférer aucun plaisir au bonheur d'être près de toi? Et
cependant tu as été peut-être plus jaloux que moi au
fond. Dieu sait jusques où vont tes soupçons à cet égard;
en ce moment; car je ne sais à quel motif attribuer tes
chagrins secrets. Dans quelle angoisse je vis! Mon bien-
aimé, nous pouvons encore être si heureux, laisse-toi
toucher; essaie d'être confiant avec moi, tu verras que
tu ne trouveras que douceur et consolation, que jamais
je n'essaierai de t'imposer mes idées. Tu veux faire un
essai; je ne puis croire que tu veuilles m'abandonner
ainsi pour toujours, nous priver des plus doux sentiments
de bonheur; mais la vie est si courte, mon bien-aimé,

et il y a déjà si longtemps que nous sommes désunis, séparés ! Bientôt, je n'oserai plus faire des avances sans
cesse repoussées, comme mes caresses ; il n'est pas dans
ton caractère de faire le premier pas ; l'habitude sera
prise ; ta femme te craindra trop pour essayer encore,
et la vie se passera ainsi, et tu ne seras pas heureux, et
ta femme mourra de douleur. Oh ! reviens, reviens à
elle !

Sur l'enveloppe est la suscription suivante :

Monsieur le marquis de Praslin,
Praslin.

Melun (Seine-et-Marne).

III.

Cette lettre a été extraite d'un petit volume relié,
fermant à clef, trouvé au château de Praslin, dans le
secrétaire de la chambre de madame la duchesse de
Praslin, et qui porte sur la première feuille ces mots :

A MON MARI, LE DUC DE PRASLIN.

(Lui seul).

« 13 janvier 1842, Paris.

« Deux fois déjà les pages de ce livre ont été couver-
tes des amères douleurs de mon cœur ; je les ai brûlées

dans un moment d'espoir, pour effacer tout témoignage de mes souffrances et ne plus t'offrir que les pensées du bonheur de ton retour.

« Deux années se sont écoulées ; mes espérances sont maintenant anéanties pour cette vie, et j'éprouve le triste besoin que tu connaisses bien un cœur qui avait concentré en toi tous ses plus tendres sentiments, qui reposait en toi avec tant de confiance ses espérances de bonheur. Je sens que l'indifférence seule ne t'aurait pas conduit, ayant un bon cœur, à traiter ainsi une personne qui t'aime d'une manière qui ne t'a jamais inspiré de doutes. Il faut de l'aversion pour m'avoir ôté vis-à-vis de toi tous les droits d'une femme ; il fallait plus encore, il fallait du mépris pour m'arracher mes enfants.

« Mes enfants ! peux-tu croire que je les corromprais ? mais tu sais bien que mon cœur et ma vie sont purs ; et tu sais bien qu'il y a bien peu de mères, quelque coupables qu'elles aient pu être, qui soient capables d'un tel crime. Crois-tu donc que je ne les aime pas grand Dieu ! mais tu crois donc que je n'ai pas d'âme, que je suis pire que les bêtes de proie. Mais tu dois bien savoir que je t'aimais trop pour ne pas aimer tes enfants, quand ce ne serait point par d'autres raisons. Oui, j'ai été longtemps indolente, incapable, mais j'étais toujours grosse ; et maintenant que je sais, car tout me le prouve, que tu n'a plus aucune affection pour moi, tu me retires aussi mes enfants pour les don-

ner, sans restriction, tous à une jeune personne légère ,
qui n'a pas d'idées religieuses et que tu connais depuis
huit mois.

« J'ai cru autrefois occuper la première place dans
ton cœur, mais j'ai vu que je me trompais , et je me
suis résignée. Puis, j'ai appris que tu estimais bien au-
dessus de mon affection , l'indépendance ; je me suis
soumise, après, je l'avoue ; de cruelles luttes ; puis, la
mort de ton bon ; excellent père , m'a fait comprendre
que je ne devais venir qu'en quatrième ligne, après lui.
Je le pleure trop sincèrement; ce bon père, pour ne pas
approuver ce sentiment. Oh ! combien je serais heureuse
si je pouvais encore avoir l'illusion d'occuper cette quatrième place dans ton cœur! Lorsque, après cette cruelle
perte, tu me parlais encore une fois d'une nouvelle vie ,
d'une nouvelle ère, si tu savais comme j'étais confiante ,
heureuse! Hélas! combien j'étais loin de songer à cet éloignement complet; à cette séparation absolue de toi et de
nos enfants ! Ecoute-moi; cher ami , je suis loin de croire
que tu me doives aucune affection, parce que je me suis
bien conduite ; ce n'est que le plus strict devoir que je
devais remplir, si je t'avais autant détesté que je t'aimais
au contraire. Mais je crois que cet accomplissement d'un
devoir devait te donner assez de sécurité sur ma moralité, pour ne pas croire ma société et mon influence dan-
gereuse pour tes enfants,

» Théobald ! Théobald ! ne suffisait-il pas à ta vengeance, pour me punir de mes emportements, de ma

jalousie (auxquels ton mépris des usages reçus pouvait bien souvent donner lieu, je t'assure), ne suffisait-il pas de m'abandonner, de mener une vie comme celle que tu mènes depuis si longtemps, qui me déchire le cœur, qui a toutes les apparences de l'infidélité? Fallait-il encore me dépouiller de l'estime, de la tendresse, de la confiance de mes enfants? Oh! c'est cruel, mon ami! mais je ne puis me décider à t'en accuser, car il ne me resterait plus rien en ce monde, pas même l'affection, l'amour qui vit toujours en mon cœur pour toi, si je t'en croyais capable. Non, non, tu cèdes sans le savoir à une influence qui t'enveloppe de tous côtés. Ce n'est pas une phrase, mon bien-aimé, je meurs de chagrin; car ce sont les souffrances morales qui ont amené une désorganisation dans ma santé. J'ai trop questionné les médecins pour n'en pas avoir acquis la certitude.

» Les nuits, depuis près de cinq années, passées presque toutes, et jusqu'à trois ou quatre heures du matin, à pleurer, dans des convulsions de désespoir, où bien souvent, pour étouffer mes cris, je mettais mon oreiller sur ma bouche, m'ont agité les nerfs, produit de l'inflammation aux entrailles. Je puis ralentir l'effet de cette maladie par des soins physiques; mais tant que les causes morales subsistent, elles agissent de même sur ces organes affaiblis, et la guérison est impossible. Je sens avec amertume que je perds tous les avantages qu'il serait indispensable, pour te ramener, de mettre en jeu. Mes traits s'altèrent, mes forces diminuent, mon carac-

tère s'aigrit, mon humeur s'assombrit, mon esprit s'é-
teint, mon énergie s'affaisse.

»Théobald, songe à la douleur, au découragement où t'a
jeté la perte de ton père; moi, j'ai perdu mon mari,
mes enfants; je suis près d'eux et il ne m'est point permis
d'en jouir, je sais que je suis un fardeau méprisé. Il faudrait que je fusse bien comédienne pour être aimable et
gaie avec des douleurs si amères. Le calme que j'obtiens
n'est dû qu'à l'opium et à des efforts violents que je fais
devant le monde et que je paie par des tremblements
nerveux, des angoisses inexprimables, dès que je suis
seule. Que de fois, depuis cinq ans, j'ai dû fuir d'un salon, sentant que je n'avais plus la force de contenir mes
sanglots!

» Avant que je pusse avouer que je prends de l'o-
pium, parce qu'il m'est ordonné, si tu savais combien de
fois, des mois entiers, je me frictionnais la tête et l'estomac avec du laudanum pour obtenir quelques heures
de repos! Cher ami, jusqu'à il y a trois mois, je croyais
que tu m'aimais beaucoup, que tu te croyais obligé de
le cacher, que tu désirais aussi ardemment que moi un
changement complet de vie. Hélas! que cette illusion
était douce, heureuse! Mais depuis ce temps mes yeux
se sont ouverts graduellement, j'ai compris qu'on ne ré-
sistait pas tant d'années aux vœux, à la douleur d'une
femme dont on partagerait l'affection, qu'on supporterait
même seulement. J'ai enfin réfléchi que, lorsqu'il n'y
avait ni confiance ni désir d'être avec une personne,

c'est qu'on ne l'aimait pas ; que, si on lui arrachait son enfant, c'est qu'on la méprisait.

» Oh! si lorsque je ne serai plus, ton cœur s'attendrit en songeant à cette Fanny qui t'aimait tant, à cette mère de neuf enfants qui n'en avait plus, qui était vouée au mépris de ses propres enfants ; dis-toi alors qu'elle t'a toujours aimé, qu'elle a bien senti qu'une barrière placée par d'autres mains que les tiennes avait été mise pour séparer ceux que Dieu avait unis ; qu'elle ne t'en a jamais voulu, qu'elle t'a cru entraîné, aveuglé. Ne la plains pas d'avoir quitté la vie, car elle souffrait trop pour désirer de conserver une vie si inutile à ceux qu'elle aimait, car elle sentait bien l'ignominie d'être inutile sur la terre avec un mari et neuf enfants. Dis-toi alors qu'elle a tant prié, si souvent offert à Dieu ses peines pour obtenir la grâce d'être réunie à vous tous dans une meilleure vie, où rien ne peut séparer, qu'elle part avec consolation, car elle espère que tu viendras au rendez-vous qu'elle te donne dans le ciel. »

———————

IV.

24 janvier 1842.

Chaque jour apporte une nouvelle douleur à ma triste vie. On m'a calomniée près de toi et tu me crois peut-être coupable. Sans cela, quelque amères que fussent ta haine et ta vengeance pour mes emportements et ma jalousie, aurais-tu pris sur toi de m'arracher mes enfants? Quels que fussent ton abandon, tes mystères depuis tant d'années, je t'aimais assez pour me bercer de douces illusions, pour croire à un retour, et même, oh ! ne te moque pas de ma crédulité, pour croire encore à ta tendresse, à ta fidélité. Mais maintenant que tu m'as arraché tous mes enfants pour les donner à une évaporée que tu connaissais à peine; à qui tu as donné tous mes devoirs à remplir, toutes mes joies, toute mon autorité ; qui a le droit de disposer de mes biens les plus chers, mes enfants; qui est la compagne de mon mari; qui a conquis le droit d'entrer à toute heure, en toutes circonstances, dans cet appartement, où moi, ta femme, la mère de tes enfants, je n'ai plus le droit d'entrer, lors même que tu es malade. Oh ! sous un masque d'inconséquence, il y a bien de l'intrigue, de l'inconvenance, du défaut de pudeur, dans cette personne qui manque de sentiments religieux, et sans eux la vertu des femmes n'est qu'un sable mouvant. Cette personne, contenue, aurait pu faire une gouvernante très bonne pour l'instruction des enfants ; mais en avoir fait la mère de mes enfants ! vivante encore, me condamner à me voir remplacée ! Que Dieu te pardonne; comme chrétienne je te pardonne; mais tu me fais trop souffrir, tu as brisé nos derniers liens. Il y a haine et mépris en toi pour moi. N'était-ce donc pas assez de m'avoir abandonnée, de t'être créé un intérieur, des joies, des occupations, des intérêts que j'ignorais ? fallait-il donc encore m'arracher mes enfants, me remplacer à mes propres yeux ? On m'a calomniée, car devant Dieu, je jure, je n'ai jamais aimé que toi.

Oh ! si je n'avais les tristes preuves que ton cœur est à jamais fermé pour moi, je tenterais un dernier effort, j'irais me jeter à tes pieds, te supplier, au nom de ton père, de tes vieux jours, de nos enfants, de nos souvenirs d'amour, d'avoir pitié de celle qui n'a jamais cessé de t'aimer, qui voudrait encore te dévouer sa vie. Mais, je le sais maintenant, mes douleurs, mes souffrances te sont odieuses et ne te touchent pas. Oh! lorsqu'au moment de la mort de ton pauvre père, quoique tu susses bien que, mieux que d'autres, peut-être, je partageais et comprenais ta douleur, lorsque, dans ce cruel moment tu m'as évitée, repoussée, j'ai senti que tu ne m'aimais plus, car on n'aime pas ceux avec lesquels on ne désire pas pleurer. Et cependant, lorsque, quelques jours après, tu me parlais d'une nouvelle ère de bonheur, avec quelle ardeur je te bénissais, je te croyais! Et maintenant depuis longtemps tu me sais malheureuse, souffrante par l'effet des chagrins que me causent ton abandon et la perte de mes enfants, inquiète de Mme S., dont la mort va me séparer pour tout à fait de vous, mes bien-aimés, eh bien ! tu me fuis, tu m'évites ; jamais un mot d'intérêt, de consolation, de distraction, d'espérance, d'affection. Tu es triste, bien souffrant, je le vois, malheureux, péniblement occupé, et il ne m'est pas permis de jamais aller te porter mes soins, mon dévoûment, les consolations de la tendresse et de la sympathie la plus vive, tandis que d'autres ont usurpé tous mes droits !

Quelle vie, bon Dieu ! quel avenir ! avec un mari et des enfants, je dois vivre et mourir seule. Hélas ! Dieu seul peut amener un changement à notre existence par une espèce de miracle ; ta volonté ne suffit plus. Ta fierté ne se plierait jamais à revenir sur tout ce que tu as fait, à me donner une part dans ta vie. Tu n'oserais plus retirer à Mlle D. l'autorité absolue que tu lui as donnée sur les enfants et dans la maison, et sans cela je sens que toutes les promesses que je ferais seraient vaines de me croire contente et heureuse.

Non, j'en suis certaine, tu ne te fais pas une juste idée de mes chagrins, de leur amertume, de leur profondeur ; la haine la plus féroce ne les infligerait pas lorsqu'il te serait si facile de les changer. Tu m'en veux, je le conçois, de te parler avec tant d'aigreur, d'emportement de ceux qui m'ont fait tant de mal. Je me le reproche souvent, mais ce sont des cris qu'arrache la douleur à mon cœur. Va, si ma vie n'était pas bouleversée par le succès de leurs menées, je n'aurais même pas la pensée de leur en vouloir, ni d'y songer. Un jour viendra où nous serons pour toujours séparés en cette vie, et nos dernières années se seront donc passées dans l'isolement et la rancune. Oh ! qu'après moi du moins tu ne maudisses pas ma mémoire ! Théobald, je t'ai toujours aimé, je n'ai jamais aimé que toi, je t'aime encore, je souffre, mais je

t'aime encore. J'ai voulu être ta compagne, ton amie de
de tous les instants, partager toutes tes douleurs, tes occupations, tes intérêts, tes plaisirs, m'occuper avec toi
de nos chers enfants. Voilà comme je comprenais le mariage, l'amour, l'amitié. Hélas! se peut-il donc que tu
m'aimerais mieux si je préférais cette vie vide de tous
devoirs que tu m'as faite, si je préférais le monde à mon
mari et à mes enfants? Mon bien-aimé, je ne comprends
pas ce que tu me voulais; car enfin tu m'as sacrifiée à
ton goût pour l'indépendance et la vie de garçon la plus
enveloppée de mystères; tu m'as ôté les enfants, tu m'as
remplacée près d'eux et de toi, tu m'as annulée dans ta
maison, tu m'as réduite à la vie d'une femme séparée,
sans enfants, et cependant tu n'es pas heureux, cela se
voit facilement. Tu refuses la vie d'intérieur, d'intimité
et de monde ensemble que je te demandais; tu en as ar-
rangé une complètement malgré mes prières, entièrement d'après ta volonté. Que voulais-tu donc? je m'y perds,
puisque tu n'es pas content. Que je fusse gaie, contente
ainsi? Théobald! je serais méprisable si cela était possible. Que Dieu t'ouvre les yeux et te bénisse, mon bien-
aimé toujours, car tout le bonheur que j'ai eu en ce
monde m'est venu par toi!

V.

25 janvier 1842.

Jusqu'à cette année je pouvais compter tous les soirs, à quelque heure que tu rentrasses, que tu viendrais me voir ; j'avais même l'autorisation d'aller chez toi à toute heure de la nuit. Maintenant, jamais je ne dois me permettre d'aller te chercher ; tu passes presque toutes les soirées dans ton appartement ; j'ignore si c'est seul ; on y porte le thé, et je ne te vois plus. Ah ! mon cher Théobald, sont-ce donc là tes promesses ? Tu m'avais dit : « Si tu ne viens jamais chez moi, je serai sans cesse chez toi, et par la suite je te permettrai de venir chez moi, puis nous ne nous quitterons plus. » J'ai tenu ma promesse ; mais toi ? Ne me demande rien de ce que je fais, et je te dirai tout. Voilà des années que j'ignore ta vie et tes relations, et que je ne t'ai fait une seule question ni que je ne fais aucune démarche pour m'assurer de ce qui m'intéresse tant ; et tu n'as jamais été touché de ma confiance et de ma discrétion, tu ne m'as jamais daigné rassurer et éclairer. Tu m'avais dit : Laisse-moi gouverner seul les enfants, et je t'entretiendrai de tout ce qui les concerne, je te consulterai, et me tiendrai vis-à-vis des gouvernantes dans l'attitude la plus convenable. Ah ! combien tu es loin d'avoir tenu ces dernières promesses ! La mort vient à pas lents, mais elle arrive. Si tu savais combien je suis brisée, usée par la douleur ! Tu ne le crois pas, je le sais. Oh ! j'en suis certaine, tu ne serais pas si

dur, si tu savais combien je suis profondément malheureuse. Moi qui n'aurais pas dû avoir d'autre appartement
que le tien, je ne puis aller te prier, te supplier d'avoir
pitié de ma triste vie ; pendant que je pleure, que je me
désole, tu prends peut-être gaîment le thé avec celle à
qui tu as donné mes enfants.

Hélas ! mon Dieu ! tu m'en veux d'être soupçonneuse,
et peut-on ne pas l'être avec ton habitude de mystères,
ton mépris de toutes les convenances et bienséances ? Tu
me reproches de ne pas être amusante et gaie ! Quoi ! je
n'ai plus de mari et d'enfants, je vois ma place prise près
d'eux, et je pourrais rire, plaisanter ! Il faut que je passe
toute ma vie isolée, loin de tout ce que j'aime, sans avoir
un plaisir, une distraction, une occupation en commun
avec eux, et il faudrait que je pusse, quand je les rencontre, faire des quolibets et des calembours pour les faire
rire ! Mais j'ai une âme, et cette âme, froissée dans toutes ses affections, souffre cruellement. Qu'est-ce que le
luxe, l'indépendance, toutes ces vaines choses ? Ce qu'il
me faut, c'est mon mari, mes enfants, leur affection, leur
présence, leur confiance ; et que me fait le reste ? J'aimais la toilette quand je sortais avec toi, le spectacle quand
j'y allais avec toi. Le monde me plaisait aussi, j'aimais
le luxe, les porcelaines, les curiosités, quand nous vivions ensemble à la maison ; je tenais à la bonne chère
quand nous mangions ensemble. Tout cela, loin de toi,
m'est indifférent, me pèse ; maintenant tu le crois bien.
Le monde et la solitude me plaisent tour à tour avec vous,

mes bien-aimés; mais, dans mon isolement, tout est souffrance. Si tu savais ce que je souffre, quand je vois des femmes avec leurs maris, des mères avec leurs enfants; quand elles me parlent de leur intérieur, quand elles me font mille questions qui semblent naturelles sur mon mari et mes enfants! Tu me dis de me former des liens dehors, des amitiés; et de quel droit, moi, repoussée comme indigne loin de mon mari et de mes enfants, irais-je demander l'amitié de personnes qui vivent au milieu d'un cercle de devoirs et d'affections naturelles et légitimes? Il faudrait donc me plaindre, avoir recours à leur pitié, sans quoi l'on me dira : « Que venez-vous chercher, quand vous avez un mari et neuf enfants? » Car, en me repoussant en dehors de la famille, je ne puis supposer que tu veuilles que je m'attache à des affections qui, pour me consoler, me perdraient. Tu me crois peut-être trop âgée pour cela, et moi je crois qu'alors tu te trompes. Quand on me parle de toi et des enfants, je souffre comme un aveugle à qui l'on aurait crevé les yeux et auquel on viendrait parler de la lumière et des beautés de la nature.

Cher bon Théobald, ne me maudis pas quand je serai morte, car je vous aimais bien tous, mes pauvres chers bien-aimés; que Dieu vous bénisse! Hélas! si tu avais eu plus de principes religieux, notre vie eût été tout autre. J'aurais été bien moins jalouse. Faudra-t-il donc que je meure pour que tu me pardonnes? Tout bonheur est-il donc fini en ce monde pour moi? Ton cœur ne s'épanchera donc plus dans le mien ? Je ne serai donc plus ton amie, la femme, ta compagne de tous les moments, la mère de tes enfants ? Il faut les chasser, ces douces illusions d'espérance ; tu ne peux plus changer ; tu n'y consentirais pas, et je ne saurais être heureuse sans un changement total. Que Dieu te bénisse et t'apprenne à l'aimer, le connaitre et le servir !

VI.

28 janvier.

Hier soir, tu m'as comblée de caresses, à ma grande surprise, je dois l'avouer ; tu m'as fait les plus tendres, les plus douces promesses. Ce soir, je t'ai tourmenté pour que tu allasses te distraire au spectacle ; tu m'as dit qu'il était trop tard ; puis, tu allais prendre une petite voiture pour sortir tous les soirs, comme si nous n'en avions pas une à tes ordres ; tu as l'air de craindre que je sache où tu vas ; et dans le fait quel monde fréquentes tu donc ? quels hommes, quelles femmes vois-tu donc ? Tu viens de sortir à pied à dix heures : chez quelle espèce de relations peut-on aller à cette heure-là, à pied, encore crotté du retour de la Chambre, et lorsqu'on n'a ni sa mère, ni ses sœurs, ni son père à Paris ? Tu m'en veux de mon humeur inégale ; mais si tu te mettais à ma place, tu comprendrais bien vite ce que c'est que cette vie de doute, de soupçon ; et qui donc n'en aurait pas au milieu de tous ces mystères qui entourent ta vie ? Mon bien cher Théobald, ce n'est pas vivre, je t'assure. Faudra-t-il donc rester toujours dans cette ignorance complète de tout ce qui te con—cerne?

Si, comme tu me l'assures souvent, tu préférais vivre dans ton intérieur en parfaite confiance et intimité avec ta femme, pourquoi prendre des habitudes qui, tu dois le sentir, rendent une union impossible? Car enfin, mon cher Théobald, qu'est-ce que la position d'une femme à laquelle on a ôté ses enfants, et qui, depuis des années, voit son mari passer sa vie hors de chez lui, sans avoir la moindre idée de son genre de vie, ni des personnes qu'il fréquente, et qui évidemment ne sont pas des personnes de sa famille ni de la société de sa position sociale? Pendant quelque temps, j'ai espéré que tu allais à un cercle, mais il paraît que non, puisque, sans le chercher, une chose ou l'autre me l'aurait appris depuis longtemps. Quand j'entends sans cesse parler de petits appartements loués mystérieusement, je n'ai que trop de motifs de craindre que ce ne soit ainsi que tu te sois casé; mais ce ne peut être pour y vivre seul. Quand tu verras ces lignes, Théobald, tu sauras que j'ai bien souffert; mais à quel point! oh! tu n'en auras jamais l'idée juste; si cela était, tu comprendrais bientôt l'aigreur et l'irascibilité de mon humeur. Cependant je ne puis jamais me figurer que les pénibles idées, et qui sont les plus faciles à croire, sur ta manière de vivre, soient vraies. Je t'aime parce que je te crois au-dessus des autres par la noblesse et la délicatesse de tes sentiments, et cette pensée m'empêche de croire ce qui semblerait plus probable dans un autre.

VII.

23 avril.

Il y a bien longtemps que je n'ai écrit, et ma position a bien empiré depuis : tu me parais avoir changé et rompu tes habitudes extérieures. Mlle D... règne sans partage. On n'a jamais vu par la forme une position de gouvernante plus scandaleuse ; et, crois-moi, c'est un grand malheur, un grand mal même, car toutes ces habitudes si intimes, si familières avec toi, cette autorité sur toute la maison montrent que c'est une personne qui se croit le droit de se mettre au dessus de toutes les bienséances. Chez elle tout cela est vanité, goût d'empire, de domination et du plaisir ; songe qu'une intimité fraternelle, je le crois, est d'une haute inconvenance dans sa position vis-à-vis de toi et à vos âges.

Quel exemple à donner à des jeunes personnes, que de leur montrer qu'on croit tout simple, à vingt-huit ans, d'aller et de venir à toutes heures, en tout costume, dans la chambre d'un homme de trente-sept ans ; de le recevoir en robe de chambre chez soi, de se ménager des tête-à-tête des soirées entières, de se commander des ameublements, de demander des voyages, des parties de plaisirs, etc ! Elle a rompu avec ses amies afin de se donner un relief plus grand et d'accaparer davantage ta société ; elle trouve toujours moyen de se débarrasser des

enfants. N'a-t-elle pas eu le front de me dire : « Je re-
« grette, Madame, qu'il ne me soit pas possible de servir
« de médiatrice entre vous et M. de Praslin ; mais, dans
« votre intérêt, je vous engage à faire attention à votre
« manière d'être avec moi. Je conçois qu'il vous soit pé-
« nible d'être séparée de vos enfants ; mais d'après la ré-
« solution positive de M. de Praslin à cet égard, je sens
« qu'il faut qu'il ait des raisons trop graves pour avoir
« pris un semblable parti, pour qu'il ne me soit pas un·
« devoir important de m'y conformer. » Est-il possible
que ta femme, qui a toujours été pure, qui n'a jamais
aimé que tes enfants et toi surtout, soit contrainte à s'entendre ainsi insulter par celle que tu charges d'élever
ses enfants, et que tu connais à peine depuis quelques
mois, et dont tu m'avais dit du mal dans les premiers
mois ?

Tu crains que je ne corrompe mes enfants, et c'est
dans les mains d'une personne qui se moque de toutes les
bienséances, qui les foule aux pieds, qui regarde comme
des superstitions toutes les pratiques religieuses, que tu
abandonnes tes enfants ! Tu me méprises à un tel point,
que je n'ose répéter tes expressions pour me le dire, parce
que je blâme l'inconséquence de ses manières, son arro-
gance. Il serait donc mieux d'approuver ce qui est blâmable pour obtenir qu'elle te permette d'être mieux pour
moi ; c'est bien alors que je serais méprisable d'acheter
un plaisir, un bonheur même par une lâcheté. Tu es
dans un tel état d'irritation que tu ne veux pas m'écou-

ter et que tu ne me comprends pas. Je ne dis pas, comme tu parais toujours l'entendre, que Mlle D... soit ta maîtresse dans toute la force de l'expression ; cette supposition, à cause de tes enfants, te révolte, et tu ne vois pas qu'aux yeux de tous, ses relations familières avec toi, son empire absolu dans la maison, mon isolement, sont établis comme si elle l'était ouvertement. Tu conclus, sur des apparences bien moins grandes souvent, que les autres ont des liaisons criminelles. Ne comprends-tu donc pas ma douleur de voir mes enfants arrachés de leur mère pour être abandonnés complètement à une personne qui ne comprend pas que la bonne conduite et la vertu ont des formes extérieures qui ne doivent jamais adopter celles du vice ?

Comment ne pas me désoler de les voir aux mains d'une personne qui *m'avoue son mépris pour moi* parce que j'ai répété plus haut, et qui établit son empire en me faisant haïr et mépriser de toi ! Tu m'as toujours dit : « Quand on a des soupçons, il faut les éclaircir ; » mais ne vois-tu pas tous les jours qu'elle s'empare davantage de ta présence, et qu'elle use de son empire pour nous brouiller davantage ? Mlle D ... pouvait être une très bonne institutrice, mais il fallait qu'elle fût guidée, dirigée, mais non par un jeune homme, parce qu'elle est légère, inconséquente, coquette et dominante.

« Mon fils, lorsque vous vous engagerez au service de Dieu, préparez votre âme à la tentation et à l'épreuve, et demeurez ferme dans la justice et dans la crainte du

Seigneur ; tenez votre âme humiliée et attendez dans la patience ; prêtez l'oreille aux paroles de la sagesse et ne perdez point courage au moment de l'épreuve ; souffrez avec patience l'attente et les retards de Dieu.

« Demeurez uni à Dieu, et ne vous lassez pas d'attendre ; acceptez de bon cœur tout ce qui vous arrivera, demeurez en paix dans votre douleur, et, au temps de votre humiliation, conservez la patience, car l'or et l'argent s'épurent par le feu, mais les hommes que Dieu veut recevoir au nombre des siens, il les éprouve dans le creuset des humiliations et de la douleur. Ayez donc confiance en Dieu, et il vous tirera de tous vos maux ; espérez en lui, conservez sa crainte et vieillissez dans son amour. » (Chap. II de l'*Ecclésiaste*.)

Garder le silence dans les peines de la vie ; souffrir et se taire, telle est la manière de mettre à profit les sages conseils de ces consolantes paroles. Que de motifs pour adopter ce parti ! Il est si rare, lorsqu'on parle le cœur plein, de ne pas en trop dire et d'envenimer ainsi ses peines ! En se taisant, on est sûr de plaire à Dieu et de ne pas aggraver sa position près des hommes, si même on ne l'améliore pas. Tous ces calculs, même humains, doivent donc nous décider à adopter ce parti. Mais cet empire sur nous-mêmes ne peut nous venir que de Dieu ; prions-le donc pour l'obtenir avec la confiance qu'il doit un jour céder à nos instances. Celui qui a dit : « Apprenez de moi que je suis doux et humble de cœur » ne nous refusera pas les moyens de suivre ce précepte. Le

silence absolu dans les circonstances que les autres savent
vous être pénibles peut être aussi improbateur que les reproches : il n'est donc pas une lâcheté, et conserve
mieux la dignité de la personne froissée par les emportements. Il est bien plus facile de se taire que de ne dire
que juste ce qu'il faut. Le bonheur en ce monde consiste
dans les affections que nous inspirons ; souvenons-nous
donc qu'il a été dit : « Bienheureux ceux qui seront doux,
« car ils posséderont la terre ; » et prenons courage en
nous rappelant qu'il a été dit aussi : « Frappez, on vous
« ouvrira. Demandez, on vous donnera. Bienheureux
« ceux qui pleurent, car ils seront consolés. »

Ces réflexions que j'avais écrites sur une feuille vo-
lante sont curieuses à copier pour moi, et prouvent dans
son étendue l'excès de ma maladresse. La meilleure
arme si je la prenais dans ma main, se retournerait pour
me blesser. Aujourd'hui, me sentant révoltée de te retrouver encore sortant d'un tête-à-tête avec Mlle. D...,
j'ai cru faire un coup de maître en m'enfuyant sans rien
dire, pensant par là éviter et scène et aigreur, et mar-
quer mon improbation doucement sans rien risquer.
Bon Dieu ! que j'étais loin de soupçonner l'affreuse fureur dans laquelle t'a mis ma malencontreuse douceur !
Certes, aucune violence n'aurait pu te pousser plus loin
que de me poursuivre dans les escaliers, à haute voix,
d'injures et avec des gestes insultants, et venir ensuite
briser chez moi, après avoir été te recueillir chez toi quelques minutes, mon vase de Saxe, mon aiguière de ver-

meil, ou plutôt celle d'Horace, et m'enlever deux cadeaux auxquels je tenais tant : tu me les avais donnés lorsque je croyais que tu m'aimais tant, mon petit plateau rose et mes petits vases d'émail. Pourvu que tu ne les aies pas donnés à elle ou à une autre ! L'autre jour, pour me punir de ma violence d'avoir voulu entrer à toute force chez toi, où elle entre tant qu'elle veut, tu es venu briser toutes mes ombrelles ; aujourd'hui, parce que je fuis en silence pour éviter une scène, tu brises mes objets les plus précieux, tu me voles les souvenirs d'un amour qui a été tout mon bonheur. Tu m'as déjà fait brûler tes lettres, témoignages et seuls restes de cette tendresse ; tu m'as arraché mes enfants, tu m'as condamnée à toutes les douleurs pour la vie présente, sans me laisser d'espoir pour un meilleur avenir, et tu m'ôtes mon passé.

Oh ! mon Dieu ! je l'aimais trop, vous avez voulu me punir, vous avez frappé juste ; je pouvais tout perdre avec courage, avec résignation, avec joie, tant que son affection et celle de ses enfants me restaient ; maintenant je n'ai plus leur estime. Dans l'amertume de ma douleur, je sens la preuve de votre amour pour moi par la grandeur de l'épreuve ; je sens au fond de mon cœur que chaque nouvelle douleur est une nouvelle promesse, ô mon Dieu, de leur être réunie un jour dans votre sein. Frappez ! frappez, mon Dieu, et daignez exaucer ma prière ; donnez-moi la force en ce monde de supporter comme il vous plaira tout ce qu'il vous plaira.

Souvent, je me demande s'il l'aime au fond du cœur,

s'il a de l'attrait pour elle, ou si c'est simplement pour les enfants, dans des idées mal entendues, qu'il établit avec elle les choses sur un pied si inconvenant. Je ne puis m'empêcher de croire, au fond, que, de sa part, il y a beaucoup de taquinerie dans toute cette manière d'être... Quelles étaient ses habitudes, ses liaisons? de quel genre étaient-elle depuis quatre ans? est-ce pour elle qu'il y a renoncé? Souvent, dans ce moment même, (il est une heure et demie du matin), je ne puis m'empêcher de me figurer qu'elle est peut-être dans sa chambre à bavarder avec lui, par mépris des convenances, sans qu'elle soit ce qu'il appellerait sa maîtresse. Comment ne comprend-il pas qu'il y a bien des choses qui sont aussi pénibles à l'affection? Tout n'est pas concentré dans une seule action animale, dans les peines du cœur. Je suis convaincue que, si nous étions séparés, il sentirait bientôt la nécessité d'observer strictement les bienséances avec la gouvernante de ses filles. Est-il donc vrai, mon Dieu! qu'il me méprise, qu'il ne m'aime plus du tout? Quelquefois, il me prend des doutes : je me figure que tout cela est peut-être un plan arrêté dans l'intention de me corriger.

Mais, en réfléchissant, il faut bien se rappeler cependant que depuis près de cinq ans, tous les jours il rompt davantage avec moi, que je ne suis plus rien pour lui, qu'il m'a ôté mes droits de mère, de maîtresse de maison, que dans toutes circonstances ma place est prise et donnée par lui. Est-ce un leurre qu'il me donnait tous ces temps-ci, que de me dire que si je voulais supporter toutes les dures privations qui me sont imposées, sans pousser une plainte, il me rendrait tout ce que je désire? Se figure-t-il vraiment qu'il le pourrait, s'il le voulait? Le désire-t-il? je le crois souvent. Le pourrait-il? j'en doute fort. Mlle. D... lui mettrait le marché à la main, il n'oserait opter pour moi : et je le comprends, elle a des avantages réels comme institutrice; il la croit bien supérieure encore à ce qu'elle est; il me verrait soumise, il me croirait contente; il penserait que cela ne vaut pas la peine de changer, puisque le pli serait pris, et qu'au fond il n'est que trop certain qu'il a très mauvaise opinion de moi. J'ai de très grands défauts : j'en souffre trop pour ne pas le savoir, mais je suis convaincue qu'il me croit des vices que je n'ai pas.

Ce matin, en causant, Mme Dolomieu, avant cette scène affreuse, a imaginé de me dire : « votre mari a un « très tendre et entier dévoûment pour vous, n'est-ce « pas? » J'ai louvoyé; je n'ai pu prendre sur moi de dire une chose que je ne pense plus, je le vois bien, puisque je n'ose plus m'en glorifier. Ah! il ne m'aime plus! mais, mon Dieu! vous à qui j'ai dit : « Otez-moi, « s'il le faut, son amour, cette joie unique de ma vie, « cette vie de mon cœur, mais qu'il soit sauvé! que « nous soyons un jour réunis avec nos enfants dans votre « sein pour prix de ce sacrifice. » Oh! dites-moi, mon Dieu, qu'il m'aimera un jour, quand il le saura, qu'il ne maudira pas ma mémoire, et que ma prière sera exaucée!

Il me paraît si singulier de le voir maintenant se livrer à ces violents accès de colère, dont les miens n'ont jamais approché, que je ne puis m'empêcher de penser souvent que cette violence est une feinte, d'autant qu'ordinairement il ne vient briser qu'après réflexion. Dieu veuille que ce soit cela! car s'il tient à me corriger pour acheter ma guérison au prix des extravagances qu'il commet d'un air presque de sang-froid, alors, alors, oh! il m'aime encore! Cependant, quelles horribles expressions de mépris! cela n'était pas de la colère feinte.

Oui, mais l'autre jour ne m'a-t-il pas dit, devant Berthe, en me jetant tout ce qu'il était venu briser en mon absence, qu'il en ferait autant chaque fois que je briserais quelque chose chez lui? Calcul assez singulier, puisque je n'avais rien cassé dans l'intention de casser; j'avais seulement voulu ouvrir violemment la porte de sa chambre au moment où il poussait le verrou. Depuis, il m'a dit de sang-froid qu'il recommencerait chaque fois que cela m'arriverait. C'est donc un plan, un parti pris, un calcul fait d'avance? Comment le prendre alors pour l'effet d'une colère réelle? Aujourd'hui cependant je n'avais rien dit ni rien cassé; franchement, c'est payer bien cher une marque silencieuse d'improbation. Je ne puis m'empêcher de croire qu'il en coûte à Théobald pour faire de semblables folies que de briser, comme un enfant mal élevé, ce qui m'appartient : c'est si peu dans son caractère! Il croit me punir beaucoup, et j'avoue que je souffre beaucoup de lui voir faire une action que je trouve ridicule, si elle n'est pas admirable par l'intention de me corriger. Mais il ne sait pas à quel point les objets matériels par eux-mêmes me sont devenus indifférents depuis que j'ai perdu son affection et l'espoir de l'attirer chez moi : car je n'ai jamais tenu aux objets les plus précieux que dans l'idée d'en orner les lieux où il était. Il n'a pas une idée de l'amour que j'avais pour lui ; au fond du cœur, je sens très bien que, pour peu qu'il voulût revenir à moi, je l'aimerais autant, plus même peut-être. Je souffre tant de mon isolement ! je serais si heureuse de le voir cesser ! Que la volonté de Dieu se fasse ! Je ne puis m'expliquer comment les choses s'arrangeront ; je ne saurais m'empêcher de penser qu'il vaudrait mieux une séparation. Les choses s'enveniment. Je veux son bonheur. Ainsi que sa vie est arrangée, au lieu d'y contribuer, je l'ai détruit, et je souffre mille martyres. Si j'allais, sous prétexte des bains de mer, au Prétot toute seule, il aurait le temps de voir si réellement il est plus heureux avec la vie qu'il s'est arrangée avec Mlle D... et les enfants, sans m'avoir pour femme, ou s'il trouverait plus agréable de recommencer ensemble une nouvelle vie. Trois mois pourraient suffire à cette expérience, et je me résignerai avec plus de facilité à vivre toujours seule là-bas qu'ici dans la position où je suis. Je sais que, d'après la manière dont les choses sont arrangées, mon absence serait un soulagement et non une privation.

« Souvenez-vous, très pieuse vierge Marie, qu'on n'a

jamais ouï dire qu'aucun de ceux qui ont eu recours à votre protection, imploré votre secours et demandé vos suffrages ait été abandonné. Animée d'une pareille confiance, ô Vierge des vierges, je cours à vous, et, gémissant sur le poids de mes péchés, je me prosterne à vos pieds ! O mère du Verbe, ne méprisez pas mes prières, mais écoutez-les favorablement et daignez les exaucer ! »

Saint Bernard.

VIII.

1er mai 1842.

Il est évident que Théobald me fait des avances très grandes pour lui ; il m'a montré même de la véritable tendresse et un désir réel de changer notre manière de vivre. Mais veut-il vraiment, comme il me le dit, adopter, si je m'y prête (ce sont ses expressions), une vie tout-à-fait intime, et me rendre une position naturelle comme femme et comme mère ? Nous entendons-nous à cet égard ? Comprend-il très positivement que je ne puis pas être heureuse sans avoir sa confiance illimitée, ni me contenter, à moins de rentrer en possession de ma place de maîtresse de maison, et surtout de surveillance et de direction de mes enfants ? Admettra-t-il jamais cela ? osera-t-il jamais le signifier à Mlle D..? J'en doute ; car elle lui mettra le marché à la main : « Optez entre elle et moi : » elle l'emportera.

16

Mes défauts et les qualités de Mlle D.., il les regarde à la fois avec le même verre grossissant ; je crains qu'il ne se fasse une complète illusion, qu'il ne s'imagine que, lorsque je serai adoucie, son affection, son rapprochement ne me suffisent, et que j'abandonne de bonne grâce tous mes droits de femme et de mère ; mais il se trompe, car c'est pour moi un devoir positif et grave, autant que doux et désirable, de rentrer vis-à-vis de mes enfants dans mes droits Dans cette circonstance, mes droits sont des devoirs, et des devoirs sacrés. Il a malheureusement les idées les plus fausses et les plus dangereuses sur les relations qu'il doit avoir avec les gouvernantes et sur leur position dans une maison. Il oublie que rien dans les relations, la position et la conduite d'une gouvernante ne doit pouvoir donner lieu même à une fâcheuse interprétation ; il se fie trop à la pureté de ses intentions. Les fautes consistent dans les mauvaises actions. Mais le scandale naît de l'apparence, car on ne peut juger que sur ce qu'on voit ; et le scandale est un grand tort, surtout dans cette question si délicate d'un homme de son âge avec une si jeune gouvernante, et qui est naturellement, par caractère, légère, inconséquente, familière, impertinente, sans tact et sans un fonds solide de piété, et dominante. Il traite les gouvernantes comme certaines gens les nourrices ; il les gâte jusqu'à ce qu'elles deviennent odieuses.

Avec tout cela, il ne m'a pas rendu les porcelaines qu'il m'a prises ; qu'en a-t-il fait ? les a-t-il toujours ?

au fond, je le crois ; me les rendra-t-il ? il y a un monde de *si* là dessous. Il m'a dit un mot de regret sur ce qu'il m'a cassé ; il sourit quand je lui en parle. J'ai bien envie de croire qu'il y avait de la feinte colère un peu là dedans. Il est bien évident qu'il aurait envie de nous reconcilier. Jamais je n'ai si bien cru à sa bonne volonté à cet égard. Le laissera-t-on faire ? Je crains bien qu'il ne soit poussé à faire encore bien des choses contre lequelles je ne sais pas me tenir dans un regret possible. Je sens très bien que, malgré toute mon affection pour lui, je ne saurais être heureuse, si nous n'habitons pas d'une manière complète et irrévocable le même appartement, de façon à rentrer dans cette intimité qui amène naturellement et seule ces épanchements, cet abandon, cette confiance, cette vie à deux qui est le bonheur du mariage ; je ne saurais l'être non plus, si je ne partage pas tous ses soins pour mes enfants et leur société.

Mais, mon Dieu ! arrachez-moi, s'il le faut, tout ce qui est bonheur, l'affection de tous ceux que j'aime, et réunissez-nous un jour dans votre sein. Sauvez-nous, mon Dieu ! donnez-nous le bonheur éternel, et faites de nous ce que vous voudrez en cette vie. Mon Dieu ! c'est là, vous le savez, le fond de mon cœur ; je veux ce que vous voulez, mais donnez-moi la force et la résignation pour le supporter.

IX.

6 mai 1842.

Je me sens bien découragée, et c'est un double regret, puisque je sais que c'est mal de se laisser aller à l'abattement du désespoir. Le mot paraît fort; mais il faut être juste, qu'est-ce que le découragement, si ce n'est le triste résultat d'espérances souvent déçues qui finissent par s'éteindre ? J'ai eu de grands torts dans ma vie, en dehors de ceux que Théobald me reproche, de violences, d'aigreur, de jalousie et de défaut d'ordre. Jusqu'à présent je m'étais complètement aveuglée ; je croyais que se bornaient là mes torts. Mais Dieu est juste : il m'a punie par où j'ai péché. Hélas ! en aimant mon mari, je n'ai pas assez compris qu'en laissant prendre trop d'empire à ce sentiment si juste, je pouvais arriver à un excès condamnable. En me livrant à cette passion, je suis devenue égoïste, je n'ai songé qu'à satisfaire ce besoin de mon cœur. J'ai oublié qu'il est des devoirs qui conservent en toute position leurs droits sacrés. Souvent, longtemps j'ai sacrifié ma conscience, mes devoirs religieux, mes enfants, au désir de ne pas quitter Théobald, de m'assurer à tout prix sa tendresse.

Plus les sacrifices me coûtaient, plus j'en sentais l'importance, plus j'étais empressée à les faire ; et maintenant, il croit que je n'ai renoncé à une partie de mes droits, de mes devoirs vis-à-vis de mes enfants, que par insouciance, et il me les a retirés tout à fait ; et moi qui croyais m'assurer son retour parce que je lui faisais le plus immense sacrifice ! Hélas ! je sentais bien autrefois que je remplissais mollement mes devoirs maternels, mais je ne pensais qu'à lui, et j'étais toujours grosse ou en couches, et maintenant, je n'ai plus rien, ni mari, ni enfants ; et cela est juste, mais bien dur de sa part. Oh ! mon Dieu, pardonnez-moi ; mais il a pensé que celle qui, par un intérêt personnel, avait renoncé à ses enfants n'en était plus digne. Tu te trompes, tu te trompes cependant ; j'ai eu tort, mais je ne suis pas si coupable, car, par tous ces sacrifices, j'espérais amener une réconciliation aussi utile et heureuse pour les enfants que pour moi. J'ai été coupable, mais une partie de ma faute vient d'une erreur : j'ai mal interprété mon devoir. J'ai cru, entraînée par mon cœur, que tu devais non seulement passer avant tout, mais par dessus tout. Je confondais trop les enfants avec le père.

Oh ! mon Dieu, je t'aimais tant !... Et tu m'as repoussée, méprisée, rejetée en dehors de mes enfants : tu m'as condamnée à leur mépris ; car, par la position dans laquelle tu m'établis vis-à-vis d'eux, ils ne peuvent se rien expliquer, m'accusant d'immoralité ou de défaut d'affection pour eux. Si tu m'avais crue coupable, tu aurais compris qu'aux yeux de tous et surtout à ceux de mes enfants et de celle qui les élève, il fallait à tout prix me faire respecter, cacher mes fautes. Avilie par l'adultère, tu m'aurais relevée, soutenue, tu m'aurais fait respecter ;

j'aurais pu être aimée de mes enfants ; coupable de t'avoir trop aimé, je suis condamnée à l'isolement, je n'aurai ni l'estime, ni la tendresse de mes enfants. Je suis livrée aux suppositions injurieuses de celle qui m'a remplacée près d'eux, et qui se conduit sans délicatesse, je dois même le dire, avec immoralité ; car il est immoral de se mettre à la place d'une femme, d'une mère, pour ne pas quitter un homme de ton âge, et chercher toutes les occasions d'assurer cet empire par les manières les plus inconvenantes, les rapports les plus indécents, par leur fréquence, leur familiarité et leur intimité ; une personne sans religion, qu'aucun frein n'arrête, qui fait la timide avec les autres pour s'assurer des tête-à-tête avec toi.

Pardonnez à Théobald, ô mon Dieu ! car il ne sait ce qu'il fait, et sauvez-les.

X.

9 mai 1842.

Les jours se succèdent, et, en s'écoulant, m'enlèvent chaque jour une de mes dernières lointaines espérances. Théobald est évidemment trop dominé pour que je puisse désormais rien attendre de sa justice ; il voit tout maintenant à travers un faux jour. Je n'ai, hélas ! que trop de preuves réelles et certaines qu'il n'y a plus aucun reste de sentiments affectueux en son cœur pour moi ; mais j'avais certainement des droits à quelques égards, à son estime, à sa justice. Rien ne l'excuse de m'avoir ôté mes enfants. Avilie, déshonorée, il m'a arraché tous les intérêts, toutes les occupations, tous les devoirs, tous les liens. Il semblerait qu'il prend à tâche de me pousser au mal. Je conçois qu'on lui répète que je ne suis plus assez jeune, que je suis trop laide, trop ridicule, trop ennuyeuse pour se réconcilier avec moi, ou pour que je trouve les occasions de me mal conduire. Il se trompe : pour qui veut les chercher, elles ne manquent jamais. Cette sécurité sur mon compte ne vient certes pas de son estime pour moi ; car, s'il en avait, pourquoi m'arracherait-il mes enfants pour les donner à une personne telle que Mlle D..... ?

Certes, si la morale, les principes et les manières de celle-là lui inspirent plus de sécurité qu'il n'en a en moi, il faut qu'il ait une bien mauvaise opinion de moi. Oh ! je suis aussi malheureuse que possible : les mots ne peuvent exprimer tout ce que je souffre. Quoi! non-seulement je n'ai plus ni mari ni enfants, mais il faut encore que je les voie livrés à une personne comme Mlle D.....? Vraiment, il y a aberration de la part de Théobald à ne pas comprendre à quel point est immorale et indélicate la personne qui chasse la mère de ses élèves pour s'emparer du père, des enfants, de la maison. Quelle triste influence s'exerce sur lui ! Comme il est changé lui qui était si vrai ; sans cesse je le surprends faisant mille mensonges ; lui qui était si pur, il passe sa vie dans les sociétés les plus mystérieuses, les plus subalternes ; ses

manières si sévères, si dignes, sont devenues familières,
de mauvais goût ; son langage, qui était gracieux et qui
sentait si bien la bonne compagnie, ne donne que trop
l'idée des personnes avec lesquelles il passe sa vie. Ses
idées sont devenues futiles ; il devient cassant, ironique,
irritable, dédaigneux, ennuyé, violent, sans regret de
l'avoir été. Non-seulement il ne m'a jamais exprimé un
regret de tout ce qu'il m'a cassé par fureur, ni rendu ce
qu'il m'a dérobé dans le même moment, mais il trouve
tout cela tout naturel ; il en plaisante, il en ricane.

J'avoue que cela le fait baisser beaucoup dans mon
opinion. Ne pas être vrai, ne pas tenir ses promesses, ne
pas savoir reconnaitre un tort, oh ! il faut être bien
tombé ! Tu n'es plus toi, tu n'es plus celui que j'aimais.
Quoi ! tu es aveugle, dominé à ce point, que tu ne songes
pas que, quoique tu ne m'aimes plus, tu as encore des
devoirs vis-à-vis de moi ; que ces enfants, que j'ai passé
les plus belles années de ma vie à mettre au monde, sans
un mot de plainte (tandis que tant de femmes en veulent à leur mari pour deux ou trois grossesses), j'ai, moi
aussi, des droits sur eux ; qu'en me privant de ta tendresse, tu devais, au moins, partager avec moi la leur ; te
souvenir qu'isolée de toi, tu devais au moins m'assurer
des consolations, des distractions dans mes devoirs près
de mes enfants, dans ton intérieur. Après avoir épuisé
ma vie à renouveler ta race, à t'assurer les jouissances
du cœur en t'entourant d'enfants, il faut que moi, leur
pauvre mère, je sois repoussée comme un paria, mépri-

sée par mes enfants, abandonnée par toi, foulée aux pieds par celle à qui tu donnes le prix de mon sang, les entrailles de mon cœur...

Non, non, ce n'est pas celui-là que j'aimais, mon Théobald, pour qui j'avais tant de vénération, en qui j'avais tant de confiance ; tu es entraîné, dominé, aveuglé ; non, tu n'es pas toi-même maintenant ; non, tu n'es pas dur à ce point de voir ma douleur, la destruction de mes facultés, de ma santé, depuis cinq ans, de sang froid, si tu n'étais pas empêché de te livrer à ton bon cœur. Tous les jours tu t'endurcis ; la nouvelle domination que tu subis t'aveugle et te pousse plus loin que tu ne crois. Oh ! mon agonie est lente et cruelle : oh ! jamais, jamais tu ne sauras, tu ne comprendras ce qu'a souffert cette pauvre Fanny qui t'aimait tant, qui aime tant ses enfants ! Hélas ! il me semble que j'ai tant souffert que je cesse de t'aimer. Je ne t'en veux pas, je te pardonne ; je suis convaincue que ce n'est pas tout-à-fait ta faute : tu es trop faible ; mais j'ai tant souffert, je me suis fiée en toi si longtemps en vain. Tu n'es plus pour moi ce Théobald que j'ai cru si longtemps le meilleur des hommes. Excepté pour moi, tu l'es encore ; mais combien tu es dur pour moi et injuste ! Oui, j'ai besoin de me répéter sans cesse que tu n'es plus toi ; mais cette excuse, je l'avoue, altère la haute considération que j'avais pour toi.

Peut-on être assez faible pour se laisser entraîner à rendre malheureuse à ce point une pauvre créature ? Pourquoi t'ai-je si longtemps regardé comme un être su-

périeur ? Puisqu'il te fallait une domination féminine,
pourquoi n'ai-je pas essayé de prendre au moins de l'influence sur toi ? Tu serais aussi plus heureux ; car la vie
que tu mènes ne doit pas être une jouissance sans quelques remords, en songeant aux supplices que tu me fais
endurer. Et mes enfants, mes pauvres enfants, à qui on
apprendra à ne compter leur mère pour rien, que comme
un fardeau méprisable ! Oh ! c'est affreux ! Oh ! oui, j'ai
été bien coupable en renonçant, dans l'espoir de te ramener, temporairement à mes saints devoirs de mère. Dieu
m'a punie. Je me reproche tous les jours ma lâcheté de
tolérer la position vraiment scandaleuse de Mlle D..... ;
car on ne peut juger que sur les apparences en ce monde,
et elles sont ici aussi scandaleuses que possible. Encore
six mois, et si tout cela n'est pas changé, il faudra, sans
plus tarder, que je me retire au Prétot. Une fois partie,
Théobald, moins irrité, verra lui-même bien des choses
qu'il ne regarde pas ce moment, et qui lui paraîtront
bien fâcheuses, et il les changera.

XI.

12 mai 1842.

Les jours s'écoulent, le temps se passe, la vie s'avance
et mes espérances s'évanouissent à chaque instant O
mon Dieu ! donnez-moi du courage, de la douceur, de

la résignation, pour supporter les douleurs que vous m'envoyez... A la suite d'un emportement, j'ai eu une longue explication avec Mlle D..... J'en ai été beaucoup plus contente que je ne l'aurais supposé.

Je vois que ce n'est pas pour elle une condition *sine quâ non* de n'avoir affaire qu'à toi. Je vois qu'elle resterait même si tout rentrait dans l'ordre; cela m'a fait du bien. Je vois qu'elle n'a pas, comme je le craignais et comme je le lui ai avoué franchement, l'horrible pensée de m'enlever mes enfants pour s'emparer entièrement d'eux. Elle m'a dit que tu lui avais dit et que tu répétais sans cesse aux enfants que ma santé me mettait hors d'état de m'en occuper. Oh ! pourquoi ne m'as-tu pas dit toi-même que tu avais pris ce prétexte, qui empêchait les enfants de m'accuser et te donnait la possibilité du retour? Que de larmes, que de douleurs, que d'aigreur, que d'emportements tu m'aurais épargnés !

Mais quelle profonde aversion il faut que tu aies conçue pour moi pour continuer le genre de vie que nous menons! Tu es le maître de tout; tu es indépendant comme un célibataire ; je n'ai plus aucune part dans ta vie ; je ne vais plus chez toi, tu ne viens plus chez moi, nous ne sortons jamais ensemble ; je ne te fais aucune question ; je ne sais rien de ce qui te concerne, depuis bien des années. Je ne suis plus qu'une étrangère dans ta maison, près de toi, de nos enfants. Hélas ! mon Dieu ! tous ces sacrifices, cette pénible vie à laquelle tu me condamnes depuis tant d'années, que j'ai subie avec tant d'affection, tant de discrétion à ne pas m'éclaircir de rien de ce qui me touche, tout cela n'est rien pour toi. Oui, je ne crains pas de le dire, tu aurais trouvé peu de femmes qui eussent résisté à de si longues et de si cruelles épreuves. Oh! tu es dur pour moi, mon cher Théobald ; il y a des choses que je ne puis m'expliquer que par une profonde et insurmontable antipathie que tu as conçue pour moi. Sans cela, comment m'expliquer notre vie ? Tu dis toi-même qu'elle est contre tes goûts, tes idées ; tu te révoltes quand je te soupçonne d'en aimer d'autres. Comment donc m'expliquer que rien ne rentre dans l'ordre naturel, si ce n'est par ton aversion ?

Certes, une femme dévouée comme je l'ai toujours été à mes devoirs, t'aimant comme je t'ai toujours aimé, te fût-elle complètement indifférente, oh ! tu es trop bon pour lui arracher ses enfants, pour la priver de la société, de l'intérêt de son mari. Oui, tu me détestes ; tout me le prouve. Lorsque j'ai eu le Vaudreuil, j'en ai joui pour toi ; ta première pensée, lorsque tu as eu Praslin, a été de me prier *de ne pas* m'y regarder comme chez moi. J'ai cru d'abord, comme tu me le disais, que c'était pour ta famille ; mais voilà un an, et ta femme n'est qu'une étrangère à Praslin, et tu lui fais sentir tous les jours qu'elle ne doit pas, non-seulement y commander, mais pas même s'y regarder comme chez elle! Ma vie s'use rapidement! Oh ! un jour tu comprendras ce qu'a souffert celle qui t'aimait tant. Mon Dieu, pardonnez-lui, il ne sait pas tout le mal qu'il me fait. Hélas ! pourquoi me plaindre? ce que je souffre devrait me prouver que vous exaucerez ma prière : je vous ai souvent, ô mon Dieu, demandé de me retirer même sa tendresse, si cela était nécessaire pour assurer son salut. Oh! oui, mon Dieu, tout ce que vous voudrez; mais sauvez-nous et réunissez-nous avec vos enfants dans votre sein.

XII.

1842, Praslin ce 22 mai.

Tout est fini ! nous sommes brouillés sans retour. Oh! il est plus que dur, il est cruel pour moi ! Comment a-t-il pu en arriver à cet excès d'aversion pour moi, dont il connaissait l'amour si pur, si tendre, si dévoué ? Quelles infâmes influences ont dû s'exercer sur son cœur autrefois si bon, si affectueux, si droit, si honnête? Il s'excuse en se disant à lui-même certainement, comme à moi, que mon caractère est devenu odieux, difficile. Mais à qui la faute? N'a-t-il pas froissé tous mes sentiments, tous mes principes? Ne saisit-il pas toutes les occasions de me faire des choses pénibles et blessantes? Jamais un mot d'intérêt; il me sait malade par sa faute, par le chagrin qu'il me cause, par le traitement que j'ai suivi, par dévoûment pour lui l'année dernière; il me sait profondément malheureuse; tout cela lui est égal. Théobald, combien tu me punis de t'avoir préféré à tout! Hélas! mon Dieu! mon Dieu! même sans m'aimer, ne pourrais-tu pas être meilleur pour la mère de tes enfants, pour celle qui n'avait jamais aimé que toi? Oh! oui, mon Dieu, je suis bien malheureuse! Au lieu d'avoir pitié de mes chagrins, de la maladie nerveuse que j'ai, il semble prendre à tâche tout ce qui peut m'être douloureux et blessant, moi, dont toute la vie était suspendue à un de ses regards.

Oui, je suis folle, folle furieuse par moments! mais c'est ta faute, Théobald! tu étais ma vie, mon bonheur, le but de tous mes vœux, de mes pensées, de mes actions, Oh! je t'aimais au-delà de tout ce qu'on peut imaginer! tu m'as abandonnée! ma vie est un supplice, une angoisse perpétuelle! Mets-toi à ma place : si tous ceux que tu me préfères te chassaient, te repoussaient, t'accablaient de mépris, cherchaient à te pousser à bout, en foulant à leurs pieds toutes les joies de ta vie, toutes les affections, que ferais-tu? tu changerais peut-être de liens; mais si tu aimais bien, tu ne le pourrais, tu mourrais de douleur. La chambre que j'habite me tue de douloureux souvenirs. La vue de ce perron par lequel je suis montée le jour de mon mariage, si pleine de joie, d'amour, d'espérances si confiantes, tout ce côté du château que j'ai habité lorsque tu m'aimais, que tu ne me quittais pas, tout cela me rend folle, je ne sais ce que je dis, ce que je fais : tu m'as si maltraitée, depuis que tu es entré en possession de ton magnifique château! Ton premier mot a été de me dire de ne pas m'y croire chez moi. Il est vrai que tu me faisais de helles promesses d'avenir; mais comment les as-tu tenues?

Il semble que, depuis que tu es duc de Praslin et possesseur du château, je ne suis plus digne d'être ta femme. Depuis que tu ne veux plus avoir d'enfants, tu te crois dégagé de tous sentiments affectueux, de tous soins, de tous égards. Je n'étais donc qu'une machine? Mais moi, j'avais mis tout mon cœur, toutes mes espérances, tout mon bonheur dans notre union; c'était l'histoire de ma vie. Je croyais que tous nos intérêts, nos pensées, notre vie, seraient mis en commun. Oh! comme je t'aimais; comme je comptais sur toi; chaque jour, je t'aimais plus; il me semblait que le temps devait nous lier plus l'un à l'autre. Tant de souvenirs, tant de liens chéris, tant d'enfants! il me semblait que nous n'étions qu'un, que nous devions vivre et penser à deux. Loin, comme tant de femmes, de redouter la vieillesse, je jouissais d'avance du bonheur que nous aurions à nous être aimés depuis si longtemps, à causer ensemble de nos vieux souvenirs, à revivre dans nos enfants, à quitter pour un meilleur monde celui-ci.

Hélas! pourquoi n'es-tu pas plus religieux? Mes doutes n'eussent pas existé, et tu ne les aurais pas excités. Je ne te voyais aucun frein religieux. Depuis longtemps tu as adopté les apparences de la vie la plus désordonnée; tu affectes les manières les plus légères, le mépris le plus grand des bienséances; je t'ai vu souvent manquer à la vérité pour dire que tu avais fait une chose quand tu avais été autre part. Hélas ! sur quoi puis-je donc juger, excepté sur les apparences, puisque tu ne veux pas que je sache le fond des choses ? Oh ! je suis plus malheureuse que coupable ! si tu n'avais pas le désir de mener une vie désordonnée, comme tant d'hommes, pourquoi tout faire pour le faire croire ? Tu savais que j'étais d'un caractère jaloux : si tu avais de l'affection pour moi, si tu aimais la paix et l'union, pourquoi faire tout ce qu'il fallait pour exciter la jalousie de la personne qui en serait le moins susceptible ? Mais, mon Dieu ! comme les chagrins rendent superstitieux ; j'en suis honteuse.

Dimanche matin, en me levant, le jour de ton arrivée, j'ai aperçu une énorme araignée : cela m'a effrayée. Je n'ai cessé de me désoler de tes manières pour moi, depuis ton retour : chaque jour, elles deviennent plus froides, plus dédaigneuses. Dans ce moment, en écrivant, je détourne les yeux et je vois une petite araignée ; mes larmes se sont arrêtées, et j'ai senti une émotion de joie, comme s'il me venait un motif d'espoir. Que l'esprit de l'homme est faible ! et cependant c'est bien en vous seul, ô mon Dieu, que mon cœur a remis ses espérances. Mais ne serait-il pas possible que quelquefois vous envoyiez des signes sensibles de votre volonté ? Oh ! sauvez-le, et, s'il se peut, rendez-le moi, mon Dieu ! Oh ! faites qu'il daigne lire les quelques lignes que je lui envoie, et qu'elles touchent son cœur.

XIII.

30 mai 1842.

Certainement, il ne m'aime plus du tout. Jamais un moment d'intérêt ni de bienveillance. Ma santé, mes occupations, mes chagrins, mes distractions, rien ne lui importe. J'ai encore le droit de manger à table, de disposer d'un peu d'argent, de sortir seule, soit à pied, soit en voiture. Qu'ai-je besoin de plus, à ses yeux? J'ai eu neuf enfants ; ils vivent encore, et c'est comme si je n'en avais pas ; je n'ai aucun droit sur eux ; je ne puis me mêler de rien.

XIV.

TROUVÉE DANS LE SECRÉTAIRE DE Mme LA DUCHESSE DE PRASLIN.

Praslin, le 15 septembre 1842.

Vous êtes bien loin de vous douter, Théobald , j'en suis convaincue , de votre dureté vis-à-vis de moi et de ce qu'elle me fait souffrir. C'est une mort bien lente , mais bien douloureuse , je vous assure, que celle qu'amène le chagrin ! Oh ! Théobald ! combien je vous aimais, combien j'aimais nos enfants ! Je n'ai plus rien en ce monde ! De notre union il ne me reste plus que votre nom ! Je vis seule, abandonnée, méprisée, et j'ai un mari et neuf enfants ; une autre, devant mes yeux, jouit de tous ces biens les plus chers ! et vous voulez que je le trouve naturel ? Eh bien! oui, je le dis avec vérité, de tous les supplices, le plus grand qu'on pût m'imposer est la vie que je mène. Mon Dieu! quel crime ne punirait-on pas par de semblables angoisses? Vous ne m'aimez plus! vous m'abandonnez! Quoique de toutes les peines, ce soit la plus cuisante pour moi qui n'ai jamais cessé de vous aimer avec tant d'ardeur, je le comprends ; mais m'arracher mes enfants, donner près d'eux et près de vous ma place à une autre ! Oh ! non, vous n'en aviez pas le droit, Théobald ! Abandonner mes enfants à une écervelée sans pudeur, sans principes, sans tact, pouvez-vous être assez faible et aveugle !

XV.

TROUVÉE DANS LE SECRÉTAIRE DU DUC DE PRASLIN,
A PRASLIN. — (SANS DATE).

Ne crois pas, mon cher Théobald, que je ne sente pas mes torts, lorsque je me suis échappée à te dire trop violemment ce que j'éprouvais et ce qui me désole. Quelque juste et légitime que soit mon chagrin, je devrais ou le taire, ou t'exprimer avec plus de calme les inquiétudes

vives et naturelles qu'il fait naître en moi pour nos enfants. Au point où en sont les choses, je t'assure qu'il
vaudrait mieux nous séparer sans bruit, sans éclat, sans
en parler à personne. Le temps arrange bien des choses ;
il finira par t'ouvrir les yeux sur la triste et déplorable
influence que tu as laissé prendre ; tant d'ascendant sur
toi, tant d'autorité sur nos enfants et ta maison. Jusque-
là, laisse-moi attendre en paix dans la solitude.

Depuis des années j'ai fait de vains efforts pour paraître calme et résignée à un état de choses que je crois
fermement aussi pernicieux à nos filles aînées qu'il est
pénible pour moi. J'ai longtemps cru à ton affection, et
cette pensée me soutenait pour attendre en souffrant ;
maintenant toute illusion a cessé ; je vois que je n'ai jamais su occuper dans ton cœur la place que j'ambition-
nais et que je croyais y avoir. Tu as été si longtemps, si
parfaitement bon pour moi, que j'ai cru que tu m'aimais
comme je t'aimais, et qu'un jour tu reviendrais. Cette
illusion est détruite. Puisque je n'ai pas su gagner ton
affection autrefois, je ne le puis plus espérer maintenant
que tant de chagrins m'ont, je le sais bien, aigri le caractère. Mon cœur est toujours le même, tout à toi et en
toi et nos enfants ; mais je vois que je ne suis rien, ni
pour toi ni pour nos enfants. Tu as annulé ma vie, tu
me contrains à n'être que spectateur, lorsque je devrais
être le second chef de la famille. Je vois sous mes yeux
mille choses qui froissent et mes principes et mes affections. Je suis visiblement à charge à toi et à une partie

de mes enfants, extérieurement du moins, car tu es bien loin de connaître le fond de leur pensée. Enfin, ma vie, tu l'as rendue inutile ici, tu me fais sentir que je suis de trop et seulement soufferte.

Je sais que je ne puis rien pour changer quoi que ce soit dans tes déterminations ; je ne te demande donc que de faire nos arrangements pour qu'au moins je ne sois pas contrainte à assister à des choses que je ne saurais m'empêcher de blâmer dans le fond de mon cœur.

Tu m'as prouvé de toutes les manières que tu n'avais ni estime ni amitié pour moi, que tu désirais que mes enfants partageassent tes sentiments. Je ne demande rien que de te laisser jouir en paix de la vie que tu t'es arrangée, sans en être le spectateur forcé. Je souffre trop ici, privée de tout dans le lieu que j'aimais, au milieu de ceux que je chéris et qu'une intrigante m'arrache.

Je ne saurais comprendre pourquoi ma triste vie doit servir d'assaisonnement à tes plaisirs. Fais ce que tu veux, mais, par grâce, ne me force pas à en être témoin.

Si des eaux sont ordonnées à Aline, accorde-moi ta confiance pour l'y conduire. Ah ! si tu me permettais de consacrer ma vie à ceux de mes enfants qui te procurent le moins de joie, à ceux que la nature a le moins bien traités, ce serait beaucoup pour moi.

Si tu savais combien tu me fais souffrir ! Je ne te demande que la grâce de m'éloigner dans la solitude, et, depuis un an, tu n'as pas eu le temps d'y penser ! Tu ris de mes souffrances, et moi je te le dis devant Dieu, il n'y a pas de plus cruelles tortures que la vie que je mène en attendant. Tu me contraindras à fuir ; ne vaudrait-il pas mieux s'arranger sans se brouiller ? Certes, rien ne me froissera plus dans ce que tu décideras que ce que je vois ici. Ah ! que de fois je t'ai vu te laisser tromper et fasciner par des intrigantes !

(Cette lettre était renfermée dans une enveloppe portant pour suscription : *Monsieur le duc*).

XVI.

TROUVÉE DANS LE SECRÉTAIRE DE Mme LA DUCHESSE DE PRASLIN, A PARIS.

Je sors, mon cher Théobald, car je ne sais plus, je l'avoue, quelle conduite adopter. J'avais cru faire merveille hier de m'enfuir en silence pour éviter l'aigreur que tu me reproches dès que j'ouvre la bouche. Ce nouveau parti m'a si mal réussi qu'il faut que j'aie le temps de réunir mes pensées pour savoir lequel prendre. Tu m'as beaucoup répété que tu me méprisais ; tu me le prouvais depuis si longtemps que je n'en doutais malheureusement pas ; mais j'avoue que je ne le comprends pas bien. Au surplus, tu me comprends fort mal ; tu supposes toujours que je rapporte toutes mes pensées au soupçon d'une seule action coupable, et je comprends que cette pensée te révolte, surtout dans ces circonstances. Il n'y a pas que cette chose là qui soit pénible à l'affection et blâmable ; certes, te voir préférer la société d'une autre, lui donner tous mes droits à ton amitié, à ta confiance, à ton intimité, tous ceux que j'avais sur mes enfants, voilà de véritables et profonds sujets de chagrin. Ajoutes-y le chagrin de voir mes enfants dans les mains d'une personne qui, parce qu'elle ne commet pas une faute, croit tout simple d'être inconvenante et familière, d'employer son influence pour te diriger à sa guise et s'emparer de toute la maison, qui regarde les bienséances comme des absurdités.

Franchement, il y a là bien assez pour être triste, malheureuse, aigrie. Continuer la vie ainsi n'est vraiment pas possible. Souviens-toi que je veux ton bonheur avant tout, mais que je ne puis l'assurer au prix de ma conscience. Si je reste, je te propose un arrangement, réfléchis. Je me ferai ordonner, si tu veux, les bains de mer ; j'irai seule à Carteret. J'y prolongerai mon séjour trois mois ; si la vie que tu t'es arrangée avec nos enfants et Mlle D.... te convient pour toujours, sans avoir la charge d'une femme qui veut être la compagne de son mari et la mère de ses enfants ; si, enfin, il t'arrange d'être veuf, tu me le diras franchement ; si, au contraire, au bout de trois mois, tu te rappelles que tu as une femme qui t'aime, et que tu éprouves le besoin d'une amie qui se consacre à toi pour la vie, alors tu me le dirais, et j'arriverais bien heureuse, bien reconnaissante. Ne m'accuse pas d'insouciance, en te donnant cette alternative, je veux ton bonheur.; je sais que ma présence est un fardeau et que mon absence ne serait pas une privation, puisque je suis inutile à tout et à tous à la manière dont les choses sont arrangées depuis quelque temps.

(Cette lettre porte pour suscription : *M. le duc.*)

XVII.

Je vois bien, mon ami, que vous prenez mon chagrin pour de l'humeur : mais vous vous trompez complètement. De bonne foi, mettez-vous à ma place et dites : seriez-vous heureux si vous aviez un mari et qu'il vive sous vos yeux, dans la même maison, avec une autre femme, dans un degré d'intimité et de familiarité tel que vous vivez avec Mlle D.... Dites, prendriez-vous votre parti de ne pas élever vos filles si vous étiez mère, de les voir dans les mains d'une personne dont ni la conduite, ni les principes ne peuvent inspirer aucune confiance, et qui a de détestables manières? Dites, vous arrangeriez-vous de vivre isolée comme je le fais au milieu des siens, de n'être ni épouse, ni mère, ni maîtresse de maison? Vous me privez des occupations qu'amènent toujours les devoirs à remplir pour les affections permises; vous me condamnez à vivre comme une vieille fille et à voir une autre tenir ma place.

Oh! mon Dieu, vous ne comprenez pas ce que je souffre! Vous ne savez donc pas que cette vie-là est un supplice affreux; que, sans un vague espoir qui me fait toujours penser qu'il est impossible que vos yeux ne s'ouvrent pas enfin sur le sort que vous faites à nos filles en leur donnant une si mauvaise opinion de leur mère, et une si fâcheuse éducation avec des exemples si dangereux, des principes si faux, sans ce vague espoir, je ne pourrais rester un instant de plus sous votre toit?

A mon âge n'avoir pas un chez moi comme toutes les femmes, pas un intérieur avec un mari et des enfants! Théobald, vous ne pouvez pas vous imaginer ce que votre mépris et votre dureté me font souffrir! Donner ma place près de vous, près de mes enfants, sous mes yeux, à une autre, tandis que vous n'avez pas assez de verroux pour vous garer de moi! Quoi! vous ne voyez pas quelles injures vous me faites, quelles humiliations je subis devant mes enfants et vos domestiques!

Je vous avoue que cette vie ne m'est plus supportable. Si vous tenez à continuer, consentez enfin à ce que je me retire, je ne puis plus l'endurer. En continuant à vivre ainsi, nous nous aigririons davantage. A quoi bon? Nos filles acquièrent peut-être des talents, mais elles reçoivent une fâcheuse éducation. Grâce à Dieu, leur naturel est bon; mais elles ne sont pas élevées comme elles devraient l'être. Je vois cela et je ne puis rien dire, et cependant je suis mère, et ma vie a été pure. Je vous le répète, mon ami, si vous voulez continuer ainsi, je ne puis ni ne dois rester. Ma présence est inutile, puisque je ne puis empêcher ce que je blâme, et je souffre inutilement.

XVIII.

LETTRE SANS DATE TROUVÉE DANS LE SECRÉTAIRE DE MADAME LA DUCHESSE DE PRASLIN.

Je ne saurais comprendre quelles sont tes vues pour l'avenir de nos enfants, ni par quels principes tu diriges ta conduite, ni quelle est la nature de tes sentiments à mon égard. Tu ne veux, sous aucun prétexte, ni lire mes lettres, ni m'accorder un entretien sérieux, ni explication d'aucun genre. Si c'est la crainte d'une explication sur ta conduite particulière, tu as bien tort de craindre que j'aborde ce sujet; j'ai longtemps attendu, espéré ce moment presque autant que je le désirais; maintenant c'est une illusion complètement détruite; tu m'as trop clairement prouvé que tu ne m'aimais plus, et que tous rapports devaient cesser entre nous, pour que je sois assez absurde pour songer à attendre de toi aucune marque d'affection. Je ne demande donc de toi, je te le jure,

que ce qu'on ne refuse à aucune femme, à moins qu'elle
ne soit un monstre de corruption, c'est la possibilité d'ac-
complir mes devoirs auprès de mes enfants et la consolation que je pourrais trouver près d'eux seulement et dans
les soins que je leur rendrais, dans leur tendresse, pour
adoucir les amers regrets qui me déchirent le cœur, d'avoir
perdu ton affection.

J'aurais donné tout mon sang pour regagner ta tendresse, pour en jouir encore quelques instants et mourir ; mais j'ai été lâche, égoïste, coupable, j'en conviens,
en t'abandonnant toute ma part de droits sur nos enfants,
me figurant que ce sacrifice, plus immense que celui de
ma vie cent fois, te toucherait, que tu me reviendrais, et
que tu me les redonnerais une seconde fois. Mais j'en atteste le ciel, je n'eusse jamais fait une semblable concession pour aucun motif, si je n'eusse été convaincue
que tu les mettrais dans des mains respectables, et cela
seulement pour leur instruction ; jamais je n'aurais consenti de bonne volonté à être privée de tous rapports
avec mes enfants, à ne plus m'occuper de leur santé, de
leurs soins matériels. Mais cela n'est pas ; jamais je n'ai
été assez dénaturée, assez infâme, pour renoncer à soigner mes enfants, à vivre avec eux, à exercer une influence morale sur eux.

Il faut que tu sois bien aveuglé pour ne pas voir que
tu es dans les mains d'une intrigante. Oui, la personne
qui est capable de profiter des dissentiments qu'elle a
remarqués entre nous à son arrivée, afin d'accroître son

autorité, qui nous a complètement brouillés, qui a totalement séparé une mère de ses enfants, est profondément immorale et indigne de la confiance que tu lui témoignes. Une femme qui accepte une position aussi fausse est le plus dangereux exemple pour des jeunes filles ; elle achète l'autorité au prix de sa réputation ; les femmes qui font de ces marchés-là n'ont qu'un pas à faire pour se perdre par le fait, comme elles le sont par apparence. Ayant eu le malheur de se pousser dans une position très fausse, Mlle D... devait, si elle avait eu le sentiment de sa pudeur et le moindre tact, avoir des manières réservées, de la retenue vis-à-vis de toi ; au lieu de cela, par ses manières éhontées vis-à-vis de toi, arrogantes dans la maison, insolentes avec moi, elle s'affiche d'une manière scandaleuse.

Tu ne me trouves pas assez bonne compagnie pour mes enfants ; en voyant les manières libres, inconséquentes, scandaleuses souvent, de leur gouvernante, que penseront bientôt mes enfants de la conduite de la mère dont on les sépare ? Ne sens-tu pas à quel point tu me flétris à leurs yeux ? Ah ! tu n'en as pas le droit. Si j'avais été coupable, tu croirais de ton devoir de m'assurer la considération de mes enfants ; et tu me perds ! et tu les abandonnes à une personne qui ignore ou qui se moque de toutes les lois de la pudeur et de la décence, puisqu'elle n'en observe aucune. Quel Mentor pour des jeunes filles ! Qui donc les conduira et les dirigera dans le monde ? Certes, tu ne m'en jugeras pas digne, et quand tu le ferais par respect humain, est-ce moi qui ne les connais pas, et elles qui n'ont pas de confiance, pour qui elles n'ont pas d'estime, qui peux les diriger? Habituées aux manières effrontées, libres et familières de Mlle D... avec toi, à la trouver la perfection sur terre, elles se moqueront de mes conseils, ou les prendront pour des conseils d'hypocrisie.

D'un autre côté, si tu les mènes sans moi, c'est me déshonorer; les faire accompagner par elle! mais ce sera l'afficher aux yeux de tous! Mon Dieu! ne me crois pas si absurde que de penser que tu as une grande passion pour Mlle D.... Je sais que cela te paraît une idée très immorale; mais si c'est son but à elle, est-elle propre à élever des enfants? Si même elle ne s'inquiète pas de cela, et qu'elle ne s'affiche que pour mieux assurer son empire absolu, convient-il que nos filles soient dans les mains d'une personne qui ne tient pas à sa réputation, qui foule aux pieds toutes les idées de décence reçues? Ce sont les apparences qui font la réputation; on ne peut juger que ce qu'on voit en ce monde. Tu conviens que je mène une vie affreuse, que toi-même tu ne la supporterais pas; tu dis qu'il ne dépend que de moi de la changer; eh! mon Dieu! je sais fort bien que si je voulais consentir à trouver charmant tout ce que Mlle D... fait; à fermer les yeux sur tout ce que je trouve de mal, à ne pas paraître m'apercevoir de tout ce qu'il y a de louche dans ces mystères qui t'enveloppent, à renoncer à avoir une opinion arrêtée sur certains principes et sur des convenances ; je ne doute pas que si je disais *amen* à tout ce que je blâme, ma vie serait matériellement toute différente en apparence, c'est-à-dire que tu consentirais à me parler plus gracieusement, ainsi que Mlle D...; que je serais quelquefois admise aux promenades, aux parties de plaisir ; que tu consentirais à causer avec moi de temps en temps comme avec tout le monde ; que tu viendrais me voir, quand je serais souffrante, quelques instants ; que tu paraîtrais prendre quelque intérêt, soit à ma santé ou à mes plaisirs ; que tu aurais peut-être quelques attentions pour moi, quelques cadeaux à m'offrir.

Oui, je crois tout cela, et je sais qu'avec quinze jours de fausseté j'obtiendrais ce changement. Mais si j'étais assez lâche pour acheter ce calme et ce bien-être (car ce n'est pas même là du bonheur) au prix du sacrifice de tous mes principes, je serais méprisable.

Je suis épuisée moralement et physiquement par cette longue et cruelle lutte ; mais toi-même tu ne pourrais pas me conseiller d'acheter le repos par le sacrifice de ma conscience.

Dussé-je mourir sans avoir obtenu un moment de soulagement, je ne cesserai jamais de te dire hautement la vérité. Tu es dans une voie funeste ; tu perds nos enfants en leur donnant de faux principes, et en leur apprenant à mépriser leur mère, en leur donnant l'exemple d'un ménage désuni, dans lequel un tiers vient occuper la place de leur mère, de ta femme.

Tu comprends que ma santé ne peut être un prétexte

plausible pour personne, à la manière dont je suis repoussée en dehors de la famille ; car il est évident que si tu me croyais malade, et que nous ne fussions pas séparés par ton aversion et surtout par de funestes influences, tu me soignerais et les enfants aussi, au lieu de m'abandonner.

Certes tu ne rendrais pas aussi cruellement malheureuse une femme qui te serait indifférente. C'est donc de la haine que tu as pour moi, et c'est le fruit de mon amour si constant, si dévoué.

XIX.

LETTRE SANS DATE, TROUVÉE DANS LE SECRÉTAIRE DU DUC DE PRASLIN, A PARIS,

J'ai eu tort ce matin, et je commence très bien à sentir que, parce que je suis triste et malheureuse, ce n'est pas une raison, lors même que mon amour-propre est blessé comme mes affections, d'être emportée et de mauvaise humeur. Je sens donc très bien que si je suis excusable d'être affligée de la position où ma conduite m'a mise, je ne saurais l'être de ma violence et de mon humeur, pas plus qu'un homme ne le serait de devenir un voleur, parce qu'on l'a volé.

Je comprends que mes fautes, sans cesse renouvelées,

doivent tous les jours aggraver ma position, et que je n'ai
que ce mérite : aussi je comptais plus sur ton extrême
bonté que sur moi ; mais tu es lassé, c'est tout simple.
Abandonnée à moi-même, je ne saurais envisager l'avenir sans effroi ; mais, pour toi, je ne saurais t'en vouloir
de chercher ton bonheur ailleurs. Je sens très bien que
je n'ai plus rien à attendre, plus le droit de rien attendre
de toi que les seuls devoirs que ta conscience peut t'imposer, et chacun envisage les siens sous un point de vue
qui lui est propre. Oui, mon cher Théobald, je connais
fort peu tes nouvelles idées, je ne sais jusqu'où elles s'é-
tendent ; mais, je le sais, je n'ai le droit de rien espérer
que ce que tu feras pour toi-même ; je le dis sans humeur.
Ah ! plût à Dieu que je pusse rompre des liens qui ne
sont plus que des entraves pour ton bonheur, plût à Dieu
que je pusse te rendre toute ta liberté, de manière à ce
que tu pusses en disposer avec joie, et sans remords ni
regrets !

Je n'oserais entrer avec toi dans le détail des pensées
et des désirs que cette idée fait souvent naître dans mon
esprit ; mais, sache-le bien, Théobald, ni l'amour que
j'ai pour tes enfants, ni l'espoir vague d'un bonheur que
je n'attends plus, ni une terreur matérielle ne me re-
tiennent en ce monde. Une seule pensée m'arrête, me re-
tient et doit m'enchaîner à cette vie, quelque pénible,
inutile, nuisible qu'elle puisse me paraître : c'est un devoir de vivre et peut-être de souffrir ; il faut donc s'y soumettre. Crois-le bien, je sais qu'il faut que je vive, et

c'est seulement parce qu'il le faut que cela est. Ah ! si tu
savais tout, tu serais bien convaincu que ce n'est pas par
faiblesse, mais par devoir que je ne t'ai pas encore déli-
vré de moi. Je le sais, tu as un plan : tu veux me corriger, et, si tu réussissais, je suis convaincue que tu voudrais me rendre heureuse ; mais, mon ami, les moyens
que tu emploies sont trop violents pour moi ; ils m'irritent malgré moi, et alors tu m'en veux, et nous tournons
dans un cercle vicieux.

Tu veux me rendre moins exigeante, et tu me prives,
permets-moi de te dire la vérité, des droits les plus naturels (et tu ne saurais nier qu'une femme en a bien cependant quelques-uns aux égards et à la société de son
mari) ; tu veux me rendre moins inquisitive, et tu me
refuses la moindre réponse, la plus simple ; tu veux me
rendre plus douce, et tu froisses sans cesse tout ce qu'il
y a de plus tendre et de plus délicat dans le cœur d'une
femme ; tu veux me rendre moins jalouse, et tu mènes
une vie capable, je te le jure, d'exciter la jalousie de la
femme la plus calme et la plus indifférente.

Tu vas triompher en me disant qu'en cela, du moins,
tu réussis, car je te fais moins de scènes de jalousie : et
ce silence ne saurait-il avoir d'autres motifs que celui de
ta confiance ? Oui, je ne doute pas un instant, quand je
suis de sang-froid, de tes bonnes intentions vis-à-vis de
moi, mais je vois avec terreur les crises et les ravages que
produit la violence des remèdes, et je crains bien que
lorsque la maladie cédera aux remèdes, le feu qu'allu-

ment le médecin et le malade ne soit entièrement épuisé, chez le premier moralement, et chez le second physiquement.

Je ne m'aveugle point : hier soir, tu m'avais su gré de n'avoir pas profité du temps de ton bain pour ne point te quitter et te parler de mes chagrins et des explications que je désirais ; ce matin, j'ai détruit le peu de bon effet qu'avaient produit mes efforts. Je sais bien que tu n'admets pas qu'une femme ait des droits, mais cependant en toi-même, mon bien cher Théobald, ne comprends - tu pas qu'il y a certaines manières de vie qui peuvent faire de la peine à une femme et lui inspirer des inquiétudes assez naturelles? Dans ce cas, une femme ne doit-elle pas demander des explications? Si elles sont refusées, l'inquiétude ne doit-elle pas s'accroître? Eh bien ! je souscris encore à cela ; mais du moins faut-il les lui promettre entières et satisfaisantes pour l'avenir. Et quand je dis des explications, j'entends une réponse franche et nette sur des événements passés qui peuvent avoir excité des inquiétudes et des soupçons pénibles. Crois-tu que sans cela la confiance puisse jamais s'établir ?

Admets que je sois complètement corrigée de mes violences, de mes questions, de mes exigences (que je cherche sans les trouver miantenant) ; admets enfin que depuis assez longtemps tu sois content de moi, de manière à vouloir prendre un nouveau genre de vie, sera - t - il bien probable que ma tendresse soit aussi vive, affectueuse, empressée et confiante que tu pourrais le souhaiter , si

18

j'ai conservé au fond du cœur des inquiétudes sur le passé? et crois-tu donc que, parce que je ne les aurais pas articulées, ces inquiétudes, elles n'auront pas été aussi profondes et aussi pénibles? Lors même qu'ayant appris à dissimuler les doutes qui me resteront, parce qu'ils n'auront pas été éclaircis, crois-tu, cher ami, que ta femme pourra être telle que tu la désirerais? Il pourrait y avoir plus d'intimité, de confidences, de caresses que maintenant, mais peut-être moins de tendresse qu'il n'y a encore maintenant. Je te parle très franchement. Je connais mieux mes devoirs maintenant ; je sais que, lorsque tu me repousses, je dois m'éloigner sans me plaindre et murmurer surtout ; que lorsque tu m'appelles, je dois venir sans conditions, sans réflexions, quelques inquiétudes, quelques soupçons qui puissent m'agiter ; je t'appartiens, tu peux me prendre, me laisser, me reprendre à ta fantaisie ; je dois obéir et faire tout ce qui est devoir avec toute l'affection qui dépend de moi, sans m'inquiéter de ta conduite, dont ta conscience doit être le seul juge entre nous pour nos rapports ; mais la confiance, elle fait seule tout le charme de la vie, le bonheur de l'intimité, la douceur des caresses. En disant tout cela, ne vas pas t'imaginer que je serais capable de te soupçonner de m'appeler pour mieux cacher ton jeu ; en vérité ce serait bien injuste, car tu affectes trop les mauvaises apparences, pour que les dessous de cartes soient aussi mauvais, à beaucoup près.

Mais tu es bien méchant, je t'assure ; car tu ne saurais

le nier, tu serais très fâché que j'eusse l'air radieux, enchanté de ma liberté extrême et de mon isolement : et , plus j'en suis désolée, plus tu augmentes mes chagrins et mon trouble. Mais où veux-tu en venir? Peux-tu te figurer me rendre confiante en excitant mes soupçons par tous les moyens, sans me prouver par des éclaircissements que j'avais tort?

Admets — tu que je puisse jamais avoir le calme et la douceur inaltérable comme Régine? Mais, mon ami, autant prendre la lune avec les dents. Je puis apprendre à me contenir, m'adoucir, devenir plus soumise, mais impassible, jamais ! ce serait tout au plus si tu me devenais tout-à-fait indifférent. Et plût à Dieu que je pusse jouer au naturel, pendant un bon mois, l'insouciance, la légèreté, la gaîté ! tout changerait bien vîte. Tu me traites comme une folle : n'as-tu donc jamais craint que je te prenne en grippe, comme elles font de leur médecin ? Hélas ! tu as raison de compter sur l'excès de ma tendresse, et cependant souvent je me dis : Oh ! s'il tenait moins à me corriger et qu'il me traitât comme une indifférente , je ne le verrais plus, et vraiment je n'en puis plus.

———

XX.

LETTRE SANS DATE TROUVÉE DANS LE SECRÉTAIRE DU DUC
DE PRASLIN, A PARIS.

Ne crois pas, mon cher Théobald, que je sois assez folle

pour croire que des lettres , des prières, des scènes, puissent me donner ton affection et ta confiance. Si j'avais même une espérance lointaine, mais fondée, de jamais les obtenir, j'attendrais avec patience, et sans t'entretenir de moi, ce jour bienheureux où tu rendrais justice à mes sentiments. Au point où nous en sommes , je veux du moins pouvoir me dire, si nous sommes séparés pour toujours, si la mort nous surprend : Il saura du moins que mon cœur et ma raison étaient autres qu'il ne les croyait. J'éprouve donc le besoin de te faire ma profession de foi sur ma manière d'envisager la vie et les sentiments. Sans estime, l'affection d'un mari pour sa femme est nulle ; la confiance est la mesure de l'affection.

Le but de la vie d'une femme est d'être l'amie, la compagne, la consolation de son mari, d'élever ses enfants , de diriger l'intérieur du ménage. Ce sont là les trois missions de la femme sur la terre. Si elle ne les remplit pas, elle a manqué sa vie, elle ne mérite aucune considération, elle est un être inutile et méprisable, comme l'homme qui n'a d'autre occupation que de boire, fumer, monter à cheval et jouer. Il y a des femmes qui ont été coupables, qui ont cependant élevé leurs enfants, car le cœur d'une mère se sanctifie et s'épure par l'amour de ses enfants. Elle sait redouter pour eux, et les éloigner des torts et des défauts auxquels elle cède en les blâmant et les déplorant. Oui, Théobald, celle qu'on ne trouve pas digne de s'occuper de ses enfants, c'est qu'on la considère comme une créature corrompue, c'est qu'on la méprise. J'ai cru longtemps qu'entraîné pour ton goût dominant pour l'indépendance, poussé par de mauvais conseils, éloigné par mes emportements et ma jalousie (à laquelle, franchement, tu donnais beau jeu par tes mystères et ton abandon), effrayé par mon goût de dépense qu'on a bien su grossir comme tous mes défauts, j'ai espéré longtemps que si, pour tous ces motifs, tu me repoussais en dehors de ta vie, de tes plaisirs, de tes occupations, tu avais assez bien jugé mon cœur pour me revenir dans les malheurs, les chagrins, la souffrance.

Mais lorsque je t'ai vu, souffrant, me bannir moi seule de ta chambre, lorsque j'ai vu que tu me fuyais dans la douleur, que tu te taisais lorsque tu avais des affaires pénibles, lorsque je t'ai vu m'enlever tous mes enfants, me priver de toutes relations avec eux, pour les donner à une inconnue légère, inconvenante, évaporée, dominante, intrigante, alors j'ai compris, j'ai enfin ouvert les yeux; j'ai vu qu'il n'y avait rien pour moi dans ton cœur que mépris, aversion tempérée quelquefois par la pitié que ta bonté ne savait refuser à ma triste vie et à mon amour; au fond de ta conscience tu ne saurais le nier.

Comment mon cœur ne serait-il pas ulcéré, ma santé altérée par de semblables chagrins? Je suis condamnée par toi à une inaction honteuse, car la mère de neuf enfants qui aurait un autre but dans la vie que ses devoirs et ses soins envers ses enfants et son mari serait coupable. Tu m'as dit un mot bien dur avant-hier, mais dont la profondeur m'a percé le cœur; tu m'as dit que puisque je ne partageais aucun de tes intérêts, je n'avais pas plus de droits à tes chagrins. Tu l'as dit, tu l'as voulu, nous ne pouvons plus être que des étrangers l'un à l'autre.

Adieu donc ! sois heureux, tu peux encore l'être, tu a[s] des enfants ; moi, je n'ai plus rien, ta haine et ton mépris m'ont tout retiré, l'indifférence n'aurait pas fait tout cela.

XXI.

LETTRE SANS DATE TROUVÉE A PRASLIN.

Lorsque je suis arrivée ici, j'espérais avoir quelque distraction et trève ; mais l'illusion n'a pas duré long-temps : le marchepied de la voiture n'était pas achevé de baisser que j'avais lu dans votre air glacial, dédaigneux et mécontent, dans l'expression contrainte des regards de mes enfants, dans les petits yeux verts qui apparaissaient derrière votre épaule, que j'allais être soumise à tous les traitements les plus humiliants, à la vie la plus pénible, à supporter le spectacle des choses les plus inconvenantes, pour ne pas me servir du mot propre.

Croyez-le bien, Théobald, si je lutte encore, c'est parce que je suis fermement consciencieuse ; qu'il est de mon devoir de ne pas renoncer, pour obtenir une paix et une tranquillité factices, de ne pas donner par mon silence une apparence de consentement tacite à un état de choses qui regarde mes enfants et que je désapprouve vivement, parce que je le crois fermement détestable, fâcheux pour le présent, pernicieux, dangereux dans l'avenir. Tu as beau faire, beau me détester, je suis leur mère à ces enfants que tu donnes aux premières venues.

Je sais fort bien que tu es le maître, tu peux tout sur moi; mais il est une chose dans laquelle les droits d'une femme sont presque égaux à ceux d'un mari; tu l'oublies entièrement. Ne sais-tu donc pas que les lois, si je les invoquais, décideraient en ma faveur; tu sais que je ne le ferai jamais, mais est-ce une raison pour en abuser. Tu te crois obligé à céder en toutes choses, afin de conserver Mlle D… à tout prix. Tu la crois irremplaçable près de toi, près de mes enfants; toi qui crois si simple, si facile de remplacer une mère, pourquoi crois-tu donc si prodigieusement impossible de remplacer une gouvernante? Si tu l'avais voulu, elle aurait pu être une bonne gouvernante; mais tu as dénaturé ses fonctions, sa position, et qui brille au second rang s'éclipse au premier. Comment la tête ne lui tournerait-elle pas, à celle à laquelle ta conduite dit tous les jours plus clairement que les paroles encore? « J'ai une femme; mais je préfère votre société, vos soins; mes enfants ont une mère, mais vous que je connais à peine, qui êtes plus jeune, j'ai plus de confiance en vos principes, votre expérience, vos soins, votre dévouement, vos manières, votre jugement, votre tendresse pour leur tenir lieu de tout; prenez la place, commandez, ordonnez . celle qui doit être la mère de mes enfants doit être souveraine chez moi. »

Théobald, cela est logique, mais tu pars d'un point faux et dangereux. Toi-même, tu n'as pas le droit de me condamner à cette ignominieuse mort civile; tu ne le peux, qu'en me laissant soupçonner d'une conduite et de vices infâmes, et par mes enfants encore! Oh! je suis bien punie de t'avoir tant aimé, préféré même à eux! Mais n'étais-je pas assez déjà punie d'avoir perdu sans retour, sans espoir, le seul vrai bonheur pour moi, ton affection? Mais voir mes enfants conduits dans une voie de principes faux et légers, habitués à trouver naturelles et convenables des manières inconsidérées, des positions fausses, inconvenantes! Si tu veux y réfléchir toi-même, tu sentiras qu'en mettant à part tous mes sentiments personnels de joie et de bonheur intérieur anéantis, je dois cruellement souffrir de voir mes nombreux enfants dans une direction si pernicieuse pour leur conduite à venir!

Demande-toi franchement ce que tu sentirais, ce que tu ferais vis-à-vis de quelqu'un qui t'ôterait à la fois une femme que tu aimerais avec ardeur et tes enfants, pour leur donner des impressions fausses et dangereuses. Lorsque j'ai eu la faiblesse, par un excès d'amour pour toi, de te faire un immense sacrifice en t'abandonnant mes enfants, me figurant, dans un coupable aveuglement, que ce sacrifice, plus il était grand, me rendrait ton affection; entraînée par tes promesses à cet égard, j'ai commis, j'en conviens, une grande faute, j'aurais dû mourir avant d'y renoncer, et j'ai fait un bien faux calcul, car ce sacrifice, fait dans l'intérêt de mon amour, t'a donné une mauvaise opinion de mes principes et de mon jugement, de mon cœur, je le conçois ; cependant, je dois ajouter pour ma justification, que ma tendresse confondait tous nos droits en un seul. Je me croyais une portion de toi-même ; il me semblait que tout devait être commun entre nous, et partagé et supporté à deux.

Maintenant, tu as établi une séparation complète entre nous ; nous ne sommes plus que des étrangers l'un pour l'autre. Je me suis longtemps bercée d'illusions de retour, d'épreuves, que sais-je, moi ? de toutes les possibilités en ce monde pour me figurer que c'était un temps à passer ; que tu m'aimais et que tu me reviendrais ; que tous tes mystères se dérouleraient par toi d'une manière naturelle et satisfaisante ; enfin, tous les rêves de bonheur à venir, je les ai faits longtemps avec confiance, puis longtemps encore avec espérance !

Maintenant... mais n'en parlons plus : il ne s'agit plus de bonheur ! Mais puisqu'il faut renoncer à toi, dont j'espérais le retour avec celui de mes enfants, il faut au moins que je sache à quoi m'en tenir. Ma vie n'est pas supportable ; elle est douloureuse, honteuse pour moi, et, ne t'y trompe pas, très fâcheuse pour l'avenir des enfants ; les choses ne peuvent pas durer ainsi plus longtemps. Ainsi, réfléchis, mais songe que je te supplie en grâce de me donner enfin une position convenable et un intérêt dans la vie !... Oh ! que tu es faible ! Tu en es arrivé à un point, que tu n'oserais faire une course avec ta femme et tes enfants, sans cette personne pour laquelle tu me reprends ce que tu m'avais donné dans les premiers jours de notre mariage : tu es tellement sous son joug, que tu n'oserais rien entreprendre sans elle ; tu trouverais inconvenant de la quitter un moment, et ta femme, la mère de neuf enfants, doit vivre et mourir seule !...

XXII.

LETTRE SANS DATE TROUVÉE DANS LE SECRÉTAIRE DE MADAME LA DUCHESSE DE PRASLIN, A PRASLIN.

Mon cher Théobald, je ne puis plus réellement avoir d'illusion ; je sens que ma tête se perd. Au nom de tes enfants, aie pitié de leur mère ; ne m'excite pas malgré moi, lorsque je suis déjà au désespoir. Pourquoi, si tu veux me fuir, mettre tout le monde dans la confidence ? n'est-ce pas déjà assez pour moi d'être isolée, abandonnée ; crois-tu que ce soit là du bonheur pour une personne qui t'aime, lorsque, après avoir passé mes nuits et mes matinées dans le chagrin, je parviens à prendre sur moi pour être calme ? Éprouves-tu un secret plaisir à parler devant tout le monde sans cesse de projets qui doivent m'être d'autant plus pénibles si je t'aime et si je sens qu'ils sont une punition ? Pourquoi me désoler sans cesse par une affectation continuelle de cachoteries pour des riens vis-à-vis de moi? Tu dis, mon ami, que tu veux me quitter longtemps pour m'aimer encore, davantage peut-être, pour perdre l'habitude des querelles ; ne sens-tu donc pas que plus je souffrirai, plus malheureusement mon caractère s'aigrira? Je sens que la bonté me ramènerait ; mais, je te le jure, la douleur me fait perdre la tête. Pourquoi toujours chercher les sujets les plus douloureux pour moi? Théobald, réfléchis toi-même, mon ami! trouverais-tu bien aimable, bien tendre, un mari qui ne parlerait jamais que d'abandon et qui affecterait des mystères de tout? Que tu le fasses quand j'ai été aigre ou méchante, je le conçois; mais qu'avais-je fait ce matin, mon ami, pour choisir tous les sujets les plus pénibles? La plaie de mon cœur est au vif, mon ami.

Si quelquefois je parviens, en vue de te ramener, à engourdir mes souffrances, pourquoi y venir verser toi-même des irritants? Mon ami, tu es si bon, tu me comprendras, j'en suis sûre ; une fois emportée, hélas ! je ne sais plus m'arrêter; par pitié, ne m'excite pas à te déplaire. Tu es poussé à bout, dis-tu; mon ami, si, lorsque tu voudras me revenir après être calmé, dis-tu, par un long abandon, crois-tu que si tu me trouvais habituée à cette indépendance, aigrie, dégoûtée par cet abandon, me refusant, comme tu le fais maintenant, à tout accommodement, crois-tu que tu ne souffrirais pas cruellement? Il y a déjà maintenant, mon ami, des barrières infranchissables entre nous, à moins d'événements ; maintenant à moins d'une véritable maladie de l'un de nous, il n'est

plus possible, sans ridicule, sans inconvenance, sans une
espèce d'aveu de réconciliation, et par conséquent de
brouille à laquelle on attacherait des idées fâcheuses,
que, quelque désir que nous puissions en avoir, nous
puissions habiter la même chambre; bientôt il en sera
de même des lettres, une fois l'habitude perdue; il faut
la continuer pour qu'elle ait l'air d'être en bonne intelligence, de même pour sortir, etc. Je fais ta part belle,
tu le vois; je ne te demande plus que de ne pas toucher
certains projets d'abandon et d'éviter les affectations de
cachoteries : si nous redevenons bons amis, tu me ta-
quineras tant que tu voudras; d'ici là, non, je t'en prie.
Tu devrais, je t'assure, t'arranger pour me...... (*La fin
manque*).

· · ·

XXIII.

LETTRE SANS DATE, TROUVÉE DANS LE SECRÉTAIRE DE MADAME
LA DUCHESSE DE PRASLIN, A PRASLIN.

En quittant les lieux où j'ai été si heureuse et où j'ai
tant souffert, où je croyais vivre toujours, où je laisse tout
ce que j'ai de plus cher au monde, tous les objets sur la
tendresse desquels j'avais fondé toutes mes espérances de
bonheur, mon cœur se brise, Théobald ; mais il le faut,
une mère doit à ses enfants de ne pas se laisser traiter

comme une coupable, surtout lorsque rien dans sa conduite n'a jamais justifié l'éloignement dans lequel ils
sont élevés d'elle. Lorsque je n'y serai plus, peut-être
enfin tes yeux s'ouvriront-ils et comprendras-tu que celle
qui a fondé sa domination absolue en te brouillant avec
la mère de tes enfants, en les habituant à fuir leur mère,
n'était pas digne de les élever. Tu as craint l'influence
de ta femme, qui t'a toujours aimé par dessus tout, et
tu es le jouet de tous les caprices de cette femme sans
principes, sans délicatesse. Je ne te demandais qu'à rester
ce que je devais être naturellement, ta femme, ta compagne, la mère de nos enfants; elle t'a poussé à te séparer de moi, à lui donner ma place près de toi, près de
mes enfants, dans la maison, et tu lui as cédé; je te demandais de ne lui accorder que les égards dus dans toutes
les maisons à une gouvernante; tu as trouvé que ce n'était
pas assez.

Elle t'a poussé à me maltraiter, à me chasser de chez
toi, à briser tout chez moi, à me priver de mes enfants,
à m'ôter toute autorité sur eux et dans la maison, et tu
lui as cédé sur tout. D'un regard, d'un signe elle te fait
agir, tu lui obéis. Tu crains qu'en voyant mes enfants je
ne les indispose contre elle, que je ne la démasque, et
l'idée ne t'est jamais venue qu'il était bien plus fâcheux
pour des enfants d'être sans cesse avec une personne qui
leur dit du mal de leur mère, qui les pousse à s'en mo-
quer, à douter de son affection, de son intelligence, de
sa réputation. Oh! quand j'avais tant de confiance en toi,

tant de tendresse que je te remettais tous mes droits pour tenir tout de toi, même la tendresse de mes enfants, ah ! que j'étais loin de te savoir si faible, si facile à aveugler! Cette faiblesse, qui fait mon malheur, t'excuse à mes yeux ; sans cet incroyable aveuglement, tu n'aurais pas été, tu ne serais pas si cruel pour moi.

Adieu, Théobald ; si un sentiment de fausse honte t'empêche de jamais réparer tes torts vis-à-vis de moi, Dieu m'est témoin que je pars le cœur brisé, mais sans t'en vouloir, et en faisant des vœux pour ton bonheur. Je sais que, quels que puissent être un jour tes sentiments à mon égard, tes idées de dignité ne te permettront jamais d'être bien pour moi ; c'est donc seulement pour l'intérêt de mes enfants que je te supplie d'ouvrir les yeux : ils sont en mauvaises mains. Adieu, adieu. Pitié pour mes pauvres enfants si mal dirigés !

XXIV.

AUTRE LETTRE SANS DATE ADRESSÉE A SON MARI.

Vous ne serez pas étonné, Monsieur, qu'après une pareille insulte, je ne consente jamais à ce que la personne à la mauvaise conduite de laquelle je la dois reste sous le même toit que moi.

Vous êtes dans un aveuglement complet sur son

compte ; pour votre propre compte, vous êtes certainement libre de faire ce qui vous convient, mais vous ne
l'êtes pas de faire élever mes filles par une personne que
je méprise comme sa honteuse conduite le mérite.

Depuis longtemps je sollicite une explication de vous :
j'ai fait tout ce que j'ai pu pour l'obtenir, vous me la re-
fusez. Je vous demande donc, pour éviter de plus grands
scandales, l'autorisation de faire un voyage. Durant ce
temps, vous réfléchirez au parti que vous jugerez convenable de prendre.

Je ne resterai certainement pas à Paris J'irai de suite
en Basse Normandie : on dira que j'ai besoin des bains
de mer, ce que vous voudrez ; mais, sous aucun prétexte,
je ne resterai ici dans une semblable position, ni dans le
monde.

Un jour viendra, Théobald, où vous rentrerez en vous
même, et vous sentirez combien vous avez été injuste et
cruel envers la mère de vos enfants, pour complaire à
une écervelée qui ne respecte rien.

Voici les papiers que vous m'avez confiés, j'ai la note
explicative de ce qu'ils contiennent, je vais la copier au
net pour vous l'envoyer. Je partirai, si vous le jugez convenable, après-demain ; voyez si vous pouvez me prêter
une voiture ; je ne passerai pas par Paris. Vous m'avez
traitée comme une coupable, je ne le méritais pas. Que
Dieu vous pardonne !

XV.

LETTRE SANS DATE, TROUVÉE DANS LE SECRÉTAIRE DE LA
DUCHESSE DE PRASLIN, A PRASLIN.

Cher Théobald, je me fais plus de reproches que tu ne
peux te l'imaginer ; je suis dans un état de découragement que je ne puis t'exprimer. Je sens, je vois, je sais
tout ce que je devrais faire pour te rendre heureux ; je
le désire plus vivement que tu ne peux te le figurer ; je ne
songe même plus à ramener les choses sur un pied qui
serait mon bonheur personnel : c'est le tien seul que je
veux, que je souhaite ; j'en forme les plus fermes résolu-
tions ; mais un état d'exaspération que je ne puis contenir m'emporte à faire des choses que je blâme moi-
même, et, permets-moi de le dire, je suis aigre et
méchante par les mêmes motifs qui te faisaient rire et
chanter, il y a quelque temps, quand tu me voyais pleurer, et malheureusement je le vois, j'aggrave tous les
jours mes torts, et cependant ils sont bien plus maintenant dans la forme que dans le fond. Si tu savais comme
je suis profondément affligée de te rendre ainsi malheureux ! Mais, en vérité, je n'ai plus ma tête et je ne me
connais plus : tout m'amusait, me plaisait autrefois, tu
le sais, j'aimais à rester et le monde me plaisait ; cependant le spectacle, une fête comme aujourd'hui me char-
mait. Et bien, tout me coûte, me pèse, m'attriste, me

déplaît, parce que je suis mal avec toi, et pour toujours, je commence à le craindre, à moins que tu n'aies pitié de moi, je suis dans un état trop violent pour qu'il puisse durer. Oh ! je tâcherai de me calmer ; mais si tu savais ce que je souffre, tu m'en voudrais moins. Je sens qu'en ce moment j'ai des droits à ta pitié et pas autre chose; mais je te sais si bon que je m'y confie en toute assurance. Un peu de patience, je t'en conjure, pendant un peu de temps encore, avant de me repousser et désespérer de l'avenir de ton bonheur. Bientôt je serai calme, résignée, je te le promets; maintenant je suis dans un état trop violent pour être jugée pour toujours.

XXVI.

Vous avez un talent rare et précieux pour empoisonner tout ; tant que votre conduite n'a influé que sur le malheur de ma vie, j'ai dû me taire, je l'ai fait. Si vous prétendez avec vos demi-mots entrecoupés, vos menaces, faire entendre que je n'approuve pas plus publiquement que dans la maison, la conduite d'une personne que je méprise, et qui ne mérite pas plus votre confiance que la mienne, vous avez raison, car je trouve que c'est un scandale ignominieux que la présence près de jeunes personnes d'une femme qui s'affiche comme elle le fait. Je sais très bien que vous avez d'autres liaisons; que ce n'est pas elle qui occupe votre vie ; mais elle en a l'attitude : c'est là ce que j'ai le droit de réprouver. Je n'ai aucune prétention à m'immiscer dans votre conduite et vos affections particulières ; mais ni les menaces ni les mauvais traitements ne m'empêcheront de vous répéter, comme j'en ai le droit, que vous vous trompez en mettant nos enfants dans les mains d'une femme qui ne tient pas à sa réputation et qui ne se respecte pas elle-même. Si par vos menaces, vous entendez me parler d'une séparation, vous devez vous rappeler que vous n'avez pas l'initiative. Vous m'avez traitée, depuis des années, sans estime, sans égards. Vous êtes libre, mais vous élevez mes enfants dans l'éloignement, le mépris de leur mère; vous les abandonnez à une femme qui vous cajole et dont les principes sont corrompus. Je vous trouve un peu singulier, je l'avoue, de vous exaspérer lorsqu'une fois, par hasard, je cherche à me sauver de cette odieuse vie que je mène. Vous cherchez à mon voyage de grands prétextes ; tant que j'ai eu un mari, des enfants, une maison, j'étais heureuse et ne songeais pas à m'éloigner ; maintenant que vous m'avez tout enlevé, j'avoue que je songe à me sauver de cet enfer; car, sachez-le bien, il n'y a pas d'expressions pour les chagrins que j'endure.

XXVII.

AUTRE LETTRE TROUVÉE DANS LE SECRÉTAIRE DU DUC DE PRASLIN, A PRASLIN.

Paris, le 15 juin 1847.

Mon cher Théobald,

J'ai attendu jusqu'au moment le résultat des promesses que vous m'aviez renouvelées, à mon retour d'Italie, de changer l'organisation de notre intérieur; vous semblez l'avoir oublié, et je me vois obligée de vous dire que je ne pense pas devoir retourner à Praslin sans y rentrer pour exercer mes droits et remplir mes devoirs de mère et de maîtresse de maison dans toute leur étendue. Le régime des gouvernantes nous a toujours fort mal réussi : il est temps, dans l'intérêt de nos enfants et de la dignité de notre intérieur, d'y renoncer. Tant que mes filles ne seront pas mariées, j'habiterai partout au milieu d'elles, j'assisterai à toutes leurs occupations, je les accompagnerai partout Tous mes plans sont faits, et lorsque vous y aurez réfléchi, vous trouverez certainement autant de motifs de confiance pour l'éducation de nos filles dans les soins d'une mère que dans ceux d'une gouvernante. Des maîtres suppléeront aussi facilement à Praslin qu'à Paris aux leçons d'une gouvernante qui, d'ailleurs, a toujours eu recours à leur aide. J'ai tout prévu; tout s'arrangera facilement.

Mon père, je le sais, a fait offrir à Mlle D... une pension honorable et viagère. En se rendant avec ce moyen en Angleterre, ses talents et des protections lui procureront une position convenable plus facilement qu'à Paris.

Vous vous inquiéteriez à tort du chagrin qu'éprouveront vos filles ; il sera beaucoup plus court et beaucoup moins profond que vous ne vous le figurez ; j'ai des raisons certaines de n'en pas douter. Depuis longtemps vous vous êtes exprimé sur le compte de Mlle D... de manière à ne pas laisser douter que vous aviez les yeux ouverts sur une grande partie, au moins, de ces graves inconvénients. Ce qui peut assurer le mieux d'une manière honorable sa retraite, c'est une pension de mon père, garantie par moi, et son voyage en Angleterre, qui expliquera d'une manière favorable un brusque départ.

Par délicatesse, j'ai d'abord cherché un appui dans votre famille pour vous ouvrir les yeux ; après en avoir attendu en vain des années le résultat, je dois enfin me soumettre au désir bien légitime de mon père de vous parler au nom des véritables intérêts de nos enfants. Lorsque vous, mon appui naturel, m'avez fait défaut, je dois me laisser guider par mon père. Je ne doute pas que, les premiers ennuis passés, vous ne vous applaudissiez d'une crise qui ramènera l'ordre naturel dans notre intérieur.

S'il entre dans vos arrangements que Mlle D... retourne à Praslin pour y chercher ses effets, j'attendrai, pour y aller, qu'elle en soit revenue ; si on doit seulement les lui envoyer à Paris, je partirai dès que vous voudrez pour Praslin. Après tous les bruits qui ont couru, je lui ai montré assez de bienveillance pour la réhabiliter, comme vous me l'aviez indiqué, autant qu'il dépendait de moi, pour la faire sortir honorablement. J'ai rempli ma tâche; l'intérêt de mes enfants, celui de leur établissement, ne me permettent pas de prolonger plus longtemps, par résignation, un état de choses fâcheux pour tous.

Que la crainte de récriminations sur ces moments pénibles ne vous préoccupe pas; il entrera dans mes vues autant que dans les vôtres de n'y plus revenir. Mon silence sur des antécédents presque analogues vous en est un sûr garant.

La première condition de la vie de femme, c'est la paix, la bonne entente; c'est mon but, et il s'obtiendra facilement lorsqu'on ne travaillera à pas éloigner des enfants de leur mère et à régner par la division.

Ce n'est pas sans de mûres réflexions, ni sans l'assurance que je suivais l'avis de mon père, que je me suis décidée à prendre une résolution aussi sérieuse. Ce serait avec l'assentiment, j'en suis certaine, de mon oncle de Coigny, qui est pour moi le représentant de ma mère, si je n'avais pas évité jusqu'à présent de l'entretenir de si tristes détails. Mes vœux sont que tout s'arrange entre mon père, vous et moi, sans y faire intervenir d'autres conseillers.

Vous m'avez souvent exprimé, mon cher Théobald, le désir de voir les choses prendre une autre face, parce que vous sentiez bien les inconvénients de notre intérieur ; mais vous reculiez toujours. Maintenant je compte sur votre concours, comme dans tout ce qui touche au bonheur de nos enfants.

Fanny Sébastiani-Praslin.

Cette lettre porte pour suscription : pressée.

Monsieur,

Le duc de Praslin.

XXVIII.

Pièces trouvées dans le secrétaire de madame la duchesse de praslin, a paris.

MES IMPRESSIONS, DE VENDREDI 17 JUIN 1847.

17 juin 1847, Paris.

J'ai besoin de répéter à toutes heures que j'ai accompli un devoir sacré vis-à-vis de mes filles en consentant à joindre enfin mes efforts à ceux de mon père (1) pour ren—

----

(1) Lettre de M. le maréchal Sébastiani au duc de Praslin, trouvée dans le secrétaire du duc de Praslin, à Praslin :

« Monsieur le duc,

« Vous m'avez déchiré le cœur. Vous avez attribué à mon

voyer cette femme. Il m'en a bien coûté. Je hais l'éclat,
mais enfin tout le monde me disait, et ma conscience
aussi, que c'était mon devoir. Mon Dieu ! quel sera l'a-
venir ? Comme il est irrité ! On dirait en vérité qu'il n'est
pas le coupable ; peut-on s'aveugler à ce point ? Mon
Dieu ! ne lui ouvrirez-vous donc pas les yeux ? Je ne puis

« insensibilité d'avoir fermé ma maison à vous, à vos enfants·
« Vous êtes obligé de me rendre justice. J'ai tout fait pour
« éviter cette séparation qui vous coûte tant. J'ai pris sur
« moi tout l'odieux de fermer les yeux, d'avoir l'air de ne pas
« croire à tout ce que les journaux avaient répandu dans le
« public, de tout ce qui se disait dans Paris, et, pour prix d'une
« conduite aussi généreuse, vous venez de m'adresser les re-
« proches les plus sanglants et les plus immérités. Je n'ai ja-
« mais parlé de Mlle Deluzy avec personne. Je suis prêt à lui
« donner tous les témoignages qui sont dans son intérêt ;
« mais, soyez juste, et ne me demandez pas des choses im-
« possibles. Je ne vois pas ma fille pour ne pas vous indisposer
« contre elle. Vous êtes le premier à me priver d'être avec
« mes petits-enfants. Je ne mérite pas d'être traité ainsi.
« Voyez les intérêts de ces jeunes personnes et écoutez-les.
« Vous ai-je jamais rien fait qui puisse m'attirer un pareil trai-
« tement ? Mais vous êtes hors de vous-même, et je vous ex-
« cuse. Écoutez votre cœur, qui est bon, et qui doit me rendre
« justice.

« H. SÉBASTIANI. »

« Lorsque vous serez vieux comme je le suis, vous vous
« ferez des reproches d'avoir été dur pour moi. »

Cette lettre était renfermée dans une enveloppe portant cette
adresse : *M. le duc de Praslin.*

m'expliquer qu'on arrive à s'endurcir à ce point sur l'immoralité. Il dit qu'il aime ses enfants, qu'il consacre son temps à leur éducation, il n'a pas assez de confiance en moi, leur mère, et il fait ses maîtresses de ses gouvernantes. Il y a là une suspension de tout sens moral qui me confond. Tous ses instincts étaient bons cependant; mais il était de caractère faible et paresseux d'esprit; la matière l'a emporté, elle éteint, elle engourdit tout chez lui. Quelle vie que la sienne! négligeant tous les intérêts de ses enfants, foulant aux pieds la morale, toutes les convenances, se lassant bien vite de ses goûts, tantôt pour l'une, tantôt pour l'autre, et n'ayant cependant pas l'énergie de secouer leur joug. Chacune le tiraille, le fait agir, en tire autant après que pendant la liaison. Mon Dieu! si vous ne daignez jeter un regard de miséricorde sur lui, son avenir est affreux, il s'enfoncera de jour en jour davantage dans ce bourbier, il y consumera sa santé, son intelligence, sa fortune. Et l'on veut élever ses enfants, ses filles, lorsqu'on mène une semblable vie! Quelle est cette illusion aussi complète que son aveuglement?

Il était las de cette femme depuis longtemps, mais il en a peur; c'est pour cela qu'il ne la renvoyait pas : c'est évident. Maintenant qu'on vient à son secours, son amour-propre se révolte; c'est là son seul regret en ce moment, et en lui montrant de la douleur qu'il ne sent pas, il espère la calmer. Comme il était pressé hier d'aller à Praslin et de couper court de suite! Oui, comme on me l'a dit, je lui ai rendu à lui aussi un réel service ; mai^s pour moi, jamais il ne me pardonnera ; il se vengera sur moi, jour par jour, heure par heure, minute par minute, de lui avoir rendu ce service, d'avoir eu raison quand il avait tort. L'abîme se creusera tous les jours plus profond entre nous ; plus il réfléchira, plus il se sentira coupable, plus il m'en voudra, plus il appesantira sa vengeance sur moi. L'avenir m'effraie ; je tremble en y songeant ; je me sens bien faible. Mon Dieu, venez à mon aide ; donnez-moi la force de supporter ces nouvelles épreuves comme vous le voudrez, et de manière à attirer le plus de grâces possible sur mes enfants, sur lui, le malheureux ! Ah ! il me fait une cruelle vie ; mais je ne voudrais pas changer sa position avec la mienne.

Comme il est changé ! toujours triste, morose, mécontent de tout le monde, en méfiance contre chacun, s'irritant de toutes choses ! On voit que le remords réside là.

Moi qui l'ai tant aimé, j'ai peine à le reconnaître ; il me semble que ce n'est plus le même homme.

Voilà le fruit de l'absence de principes religieux, d'idées morales ; voilà le fruit du désœuvrement, de la paresse. Il valait mieux que cela ; il y avait le germe de bonnes choses en lui. Mais lorsque, dès l'enfance, on ne vous a pas inspiré une vue large et grande des choses, l'enthousiasme des grandes choses, la vie se passe à végéter jusqu'à ce que les facultés énervées déclinent et soient supplantées par la matière. Il souffre, on le voit ; il sent sa position, car tout me prouve qu'il veut l'éviter pour nos fils. Mais est-il en état d'élever des filles, qu'il ne faut approcher qu'avec une auréole de pureté et de pudeur ? Les pauvres enfants, on les séquestrait, afin que leur ignorance des usages et des convenances ne leur fît pas apprécier les mauvais exemples qu'elles avaient sous les yeux. Il m'en veut et m'en voudra jusqu'à la mort, et cependant, je le connais, je suis sûre qu'il se dit qu'il eût fait comme moi, seulement plus tôt. Quels peuvent être ses projets pour notre avenir ? De combien de chagrins non articulés il m'a menacée ! Il me disait que j'avais gâté toute ma vie par cet acte. Eh ! mon Dieu, franchement, il n'y avait rien à gâter. Je crois, en vérité, qu'il croyait par moment que j'aurais dû me trouver heureuse ! Que veut-il dire aussi avec ses mystérieuses réticences sur ce qu'il prétend savoir sur mon compte ? Il faut qu'on lui ait fait d'infâmes calomnies sur moi. Ah ! ma vie peut être mise au grand jour ; mais si l'on s'est plu à me calomnier, vous seul, mon Dieu, pouvez faire éclater la vérité et la pureté. Ah ! vous ne permettrez pas, Seigneur, que la calomnie vienne flétrir aux yeux de mes enfants une mère qui a déjà tant souffert ! Mes enfants, que pensent-ils ? vous seul, mon Dieu, le savez ! Oh ! éclairez leurs cœurs et leurs intelligences ; qu'un rayon de votre lumière, esprit saint, fasse jaillir la vérité devant leurs cœurs ! Qu'elles démêlent enfin lés intrigues qui les ont éloignées de leur mère !

Mon Dieu ! ayez pitié de ces pauvres enfants, livrées seules et sans conseils au milieu de ces agitations et de ces fureurs ; elles sont seules, mais venez à elles : vous y viendrez, mon Dieu ! vous soutiendrez leurs pas timides, vous éclairerez leurs intelligences incertaines, vous dirigerez leurs cœurs vers la vérité, vers leurs devoirs. Oh ! oui, Seigneur, vous aurez pitié d'elles, vous serez avec elles ; vous serez leur appui, leur conseil, leur guide ; et alors elles surmonteront toutes les difficultés ; elles, ces pauvres jeunes filles, timides et craintives, elles auront la prudence du serpent, le courage du lion, avec l'innocence de la colombe. Seigneur, vous ne refuserez pas à une mère d'être le guide des enfants que vous avez permis qui lui fussent retirés pour l'éprouver. Mon Dieu, mon Dieu, que votre sein soit leur refuge, que vos bras les entourent, que votre main les guide, que votre lumière pénètre leurs esprits et leurs cœurs ! mettez dans leurs bouches les paroles qui en doivent sortir ; mettez dans leurs cœurs les sentiments qui doivent les diriger ; agissez en elles, pour elles, ô mon Dieu !

Vous m'avez ôté mes enfants, mais vous les protégerez, vous serez leur mère et vous les guiderez dans la voie droite qui mène à vous ; vous serez leur père, et vous éclairerez leur intelligence ; vous serez leur mère, et vous les consolerez au jour de l'affliction ; vous serez leur père, et vous les fortifierez au jour de l'adversité : car le plus faible est le plus fort quand vous êtes avec lui.

Mais leur père, mon Dieu, ne l'abandonnez pas, faites entrer la lumière dans son esprit, le repentir dans son âme, et alors, mon Dieu, ouvrez les bras à son repentir, fortifiez-le, soutenez-le pour qu'il ne retombe pas. Hélas ! mon Dieu, il est aveugle et ne sait ce qu'il fait. Mon Dieu, vous exaucerez ma prière, car j'ai mis ma confiance en vous ; vous me soutiendrez, car je suis faible, et sans vous je succomberais. Vous le savez, mon Dieu, il n'entre pas de vengeance ni d'animosité dans mon cœur, et c'est avec ferveur que je vous ai demandé et que je vous demande le salut et le retour à de meilleurs sentiments de ceux qui m'ont fait tant de peine. Vous le savez, si j'ai pris un parti qui paraît dur, à mes enfants, à leur père, c'est parce que j'ai vu que c'était mon devoir. Ah ! j'aurais voulu, en la renvoyant d'une main à cause de mes en-fants, lui tendre l'autre pour moi, et lui dire que je lui pardonne et ne lui en veux pas. Ah ! qu'elle revienne à de meilleurs sentiments !

Merci, mon Dieu, d'avoir éteint en moi le sentiment de rancune au milieu de mes chagrins ! c'est une grande consolation ! conservez-la, mon Dieu, et soutenez-moi dans les nouvelles épreuves qui m'effraient tant. Mais vous serez-là, mon Dieu ; ne m'abandonnez pas , agissez en moi.

Merci, mon Dieu, d'avoir mis en moi la confiance en vous ! laissez-moi ce bien précieux. Que deviendrais-je si vous m'abandonniez ?

XXIX.

PIÈCE TROUVÉE CACHETÉE, A PARIS, DANS LE SECRÉTAIRE DE
MADAME LA DUCHESSE DE PRASLIN, SOUS UNE ENVELOPPE
PORTANT POUR SUSCRIPTION :

MES IMPRESSIONS.

13 juillet 1847.

Il y a longtemps que je n'ai écrit, et rien n'est changé
depuis. Elle doit partir, dit-on, lorsque nous irons à
Praslin, et en attendant son empire s'exerce toujours le
plus absolu. Père et enfants, elle tient tout en charte
privée ; je comprends assez son jeu, si elle a décidément
toute honte bue, mais lui, je ne puis m'expliquer sa conduite. Il crie à la calomnie, mais il convient que les apparences étaient mauvaises, et ces apparences, tous les
jours il les rend plus fâcheuses, il donne plus de matière
à toutes les interprétations scandaleuses. Il prétend qu'on
calomnie ses relations, et il affiche publiquement sa rupture entre lui et mon père à cause d'elle ; il rompt avec
nous, et il ne la quitte pas. Il n'y a pas de caractère
d'homme plus énigmatique : est-ce excès de corruption,
est-ce excès de faiblesse ? Excès de faiblesse, est-il possible que cela puisse aller jusqu'à fouler aux pieds à ce
point les intérêts de ses enfants ?

Comment ! il aurait donc si peur de cette femme, qu'il
n'ose pas, tant qu'elle est dans la maison, rendre des en-

fants à leur mère, avoir des égards pour sa femme? Qui
lui a donné cet empire sur lui? cela n'est pas naturel : il
faut qu'elle ait un moyen de lui en imposer par des menaces. Pauvre homme! je le plains réellement; quelle
vie il mène, quel avenir il se prépare! s'il se laisse ainsi
dominer et tirailler par des intrigantes à quarante-deux
ans, que sera-ce en vieillissant? Comme je l'aimais, cependant! il faut qu'il soit bien changé par toutes ces mauvaises espèces; car, en voyant ce qu'il est maintenant,
je ne puis me rendre compte de ce qui m'avait inspiré
cet amour si passionné. Ce n'est plus le même homme :
comme il s'est éteint l'esprit, retréci le cœur! comme il
est devenu soucieux, ennuyé, irritable. Rien ne l'anime,
rien ne l'intéresse, rien ne l'exalte ; tous les sentiments
généreux, passionnés, enthousiastes, n'ont pas l'air de
vibrer dans son cœur, dans son esprit. Position, fortune,
il avait tout ce qui pouvait lui donner une existence utile,
heureuse, honorable. Tout est galvanisé : il ne s'intéresse plus à rien, ni pour son pays, ni pour ses enfants ;
il tient compagnie à des gouvernantes ; il est leur cava-
lier servant jusqu'à ce qu'il devienne leur esclave.

En vérité, je crois qu'il ne tenait plus à garder mademoiselle D. (qu'il n'aime plus depuis dix-huit mois ou
deux ans) que parce qu'il a peur qu'elle ne lui rende la
vie trop dure, une fois hors d'ici. Mon Dieu, quelle existence! Ce qu'il y a de curieux, c'est que je suis sûre
qu'il croit fermement que c'est par amour et par jalousie
de lui que je voulais le départ de Mlle D... Il ne veut pas

comprendre que mon mobile est et sera toujours maintenant mes enfants. Il croit que c'est un dépit amoureux
que j'ai, et cela le flatte : c'est singulier ; mais je ne doute
pas que s'il n'avait pas cru mon amour inextinguible,
il aurait agi avec plus de ménagements, il eût été moins
indigne pour moi. Quelle illusion ! quel excès d'amour-
propre ! Il est peut-être possible de conserver de l'amour
au fond du cœur pour un homme qui vous traite comme
il m'a traitée, si d'un autre côté cet homme excite notre
admiration, s'élève à nos yeux par de grandes actions,
par de grandes œuvres ; mais un homme terre à terre,
un homme ordinaire, mais on ne l'aime que s'il est
bon, s'il est juste, s'il est consciencieux, s'il vous rend la
vie douce. Il n'est pas nécessaire de faire de grandes
choses, mais il faut savoir les sentir, les admirer, s'y intéresser.

Je ne puis dire à quel point cet esprit de dénigrement
et d'ennui de toutes choses, cette impossibilité de se prendre à rien vivement, m'a totalement découragée de lui.
Je le croyais si différent ; oh ! il devait l'être ; je n'aurais pu l'aimer s'il avait toujours été ce qu'il est. Certainement il y avait de l'étoffe dans son cœur, dans son intelligence ; mais le défaut de principes fermes, de morale
et de religion, et sa paresse d'esprit ont laissé prendre le
dessus aux passions matérielles. Avec tout cela, vouloir
élever ses filles ! Comme il s'est laissé isoler ! il n'a pas
un ami sérieux, réel ; il n'a de liaisons que celles que les
plaisirs font naître, et qui deviendraient des chaînes à

cause de sa faiblesse lorsqu'il voudrait s'en détacher. C'est affreux, il traîne, comme des boulets après lui, l'exigence des femmes avec lesquelles il a eu des rapports. Comme les hommes sont bizarres cependant ! il m'a toujours sacrifiée, opprimée, blessée, humiliée, maltraitée, abandonnée pour des personnes qu'il n'aimait pas. Moi, je n'ai aimé que lui, et avec une passion inouïe, une ardeur qui m'étonne, et maintenant je ne sais, mais peut-être au fond de son cœur me préfère-t-il à ces femmes qu'il méprise et qu'il craint ; et moi, moi, je suis bien désenchantée de lui. Il sera toujours mal pour moi maintenant : il sent trop bien l'étendue de ses torts ; il est rancuneux, et ne saurait comprendre que je puisse pardonner et oublier.

Mon mérite ne serait pas si grand qu'il le croit, je ne puis être jalouse que lorsque j'aime, et puis je pardonne facilement ; et depuis que mes sentiments sont changés, je ne lui en veux plus qu'en raison du tort qu'il fait à mes enfants. Notre position est bien bizarre et bien triste : pendant qu'il a couru les plaisirs, moi j'en ai été complètement sevrée ; il a eu des jouissances et pas d'amour ; mon amour s'est éteint dans les larmes, et je n'ai... Enfin, ce qui s'est usé chez l'un s'est peut-être conservé chez l'autre, et réciproquement..... Comment tout cela finira-t-il ? Je ne crois pas que ce soit jamais par une complète réconciliation, comme ce serait désirable pour nos enfants.

Il me fuira toujours, parce qu'il se sent des torts, et

moi je ne le chercherai guère que par devoir pour mes enfants. Un sentiment de pudeur m'empêchera toujours de faire des avances à un homme, même mon mari, lorsque je doute de mon amour pour lui, et que je sens que d'autres idées, tant d'années comprimées, me pousseront plus vite que mon cœur dans ses bras.

Mon Dieu ! vous seul savez ce que j'ai souffert de privations de cœur et de tous genres ; si je n'ai succombé aux tentations, gloire à vous, Seigneur ! vous êtes mon appui, ma force, oh ! ne m'abandonnez pas maintenant, car sans vous je succomberais. Mon Dieu ! mon Dieu ! soutenez-moi, dirigez - moi ; j'ai peur de l'avenir, des menaces qu'il m'a faites, des difficultés qui s'élèveront tous les jours ; mais vous serez là, mon Dieu, et j'en ai la confiance, vous soutiendrez la pauvre mère à qui vous avez donné la force de lutter pour ses enfants. Seigneur, secourez-moi.

TABLE DES MATIÈRES.

—⟶⟨⟩⟵—

Paris. Imp. de Lacour, rue St-Hyacinthe-St.-Michel, 33.

www.ingramcontent.com/pod-product-compliance
Ingram Content Group UK Ltd.
Pitfield, Milton Keynes, MK11 3LW, UK
UKHW021916070726
13614UKWH00001B/77